黑龙江省教育学院科研基金资助项目

中华优秀传统文化与语文教学

小学卷

主　编◎郑　丹

副主编◎杨修宝

编　者◎张　敬
　　　　徐雪飞
　　　　孟晓宇
　　　　杨修宝
　　　　郑　丹
　　　　李四香

黑龙江人民出版社

图书在版编目（CIP）数据

中华优秀传统文化与语文教学. 小学卷／郑丹主编.
—哈尔滨：黑龙江人民出版社，2018.7
ISBN 978－7－207－11410－5

Ⅰ. ①中… Ⅱ. ①郑… Ⅲ. ①中华文化—小学—教学
参考资料 Ⅳ. ①G623.203

中国版本图书馆 CIP 数据核字（2018）第 159013 号

责任编辑：孙国志
封面设计：鲲 鹏 张雅男
责任校对：秋云平

中华优秀传统文化与语文教学（小学卷）

主 编 郑 丹
副主编 杨修宝

出版发行 黑龙江人民出版社
地 址 哈尔滨市南岗区宣庆小区 1 号楼
邮 编 150008
网 址 www.longpress.com
电子邮箱 hljrmcbs@yeah.net
印 刷 北京一鑫印务有限责任公司
开 本 787×1092 1/16
印 张 8.75
字 数 150 千字
版 次 2018 年 8 月第 1 版 2020 年 7 月第 2 次印刷
书 号 ISBN 978－7－207－11410－5
定 价 22.00 元

序　言

　　中华文化源远流长，博大精深，绚丽多姿，历久弥新。中华优秀传统文化是中华民族语言习惯、文化传统、思想观念、情感认同的集中体现，凝聚着中华民族普遍认同和广泛接受的道德规范、思想品格和价值取向。加强中华优秀传统文化教育，是实现中华民族伟大复兴中国梦的内在要求，是构建中华优秀传统文化传承体系，推动文化传承创新的重要途径，是培育和践行社会主义核心价值观，落实立德树人根本任务的重要基础。党的十八大以来，习近平总书记就传承和弘扬中华优秀传统文化做出一系列重要指示。他指出："我们决不可抛弃中华民族的优秀文化传统，恰恰相反，我们要很好传承和弘扬，因为这是我们民族的'根'和'魂'，丢了这个'根'和'魂'，就没有根基了。"

　　教育部颁发的《完善中华传统文化教育指导纲要》中明确提出，"在中小学德育、语文、历史、艺术、体育等课程标准修订中，增加中华优秀传统文化内容比重。"在语文教材中增加传统文化教育内容，加强中华优秀传统文化教育，是国家的要求，更是语文教学的重要任务。优秀传统文化是语文学科的根与魂，传承中华传统文化是语文教学的历史使命。作为语文教师，在教学的过程中渗透传统文化的精华，培养孩子们对中华传统文化浓厚的兴趣，用传统文化知识充实语文课堂，激发学生对传统文化的热爱，是我们义不容辞的责任。

　　基于此，我们编写了《中华传统文化与语文教学（小学卷）》这本书，希望通过本书能使语文教师有意识地让学生徜徉于中华优秀传统文化之中，感受着祖国传统文化的巨大魅力，在学生心灵最纯净、记忆力最好的时候接触独具智慧和价值的经典，播下热爱中华文明的种子。

　　本书共分四个章节：背景与意义；渗透与融合；资源与课程；案例与分析。

　　第一章，背景与意义，阐述了中华优秀传统文化教育的重要意义，选录了习近平总书记关于中华优秀传统文化的重要论述，以及中华优秀传统文化教育的实践意义，明晰了语文教学传承中华优秀传统文化的方向与目标。

　　第二章，渗透与融合，从要义论说、关系明辨、实践路径等方面论说了中华优秀传统文化与语文教学中识字写字、阅读、口语交际、习作、综合性学习五大

领域教学的关系。明晰了语文教学传承中华优秀传统文化的策略与路径。

第三章，资源与课程，从汉字文化、古典文学、传统节日、传统礼仪、中医中药、中华饮食、传统服饰、中华民俗、中华武术、中华艺术、古玩器物、文化遗产等方面介绍了中华优秀传统文化可以成为语文课程资源的内容，同时编选了优秀教师根据不同教学资源撰写的教学设计。提供了语文教学传承中华优秀传统文化的资源与内容。

第四章，案例与评析，编选了课堂教学彰显中华优秀传统文化教学案例评析与校本课程彰显中华优秀传统文化教学案例评析两部分内容，其中课堂教学部分涵盖了识字写字、古诗词教学、综合性学习等教学案例；校本课程部分，编选了班级的班本课程和学校的校本课程的教学案例。提供了语文教学传承中华优秀传统文化的例证与形式。

我们希望，发挥语文学科的优势，让中华优秀传统文化成为培养小学生民族精神的沃土、滋养生命的源泉。

我们虽竭尽全力，但时间仓促，难免瑕疵纰漏，敬请读者批评指正！

目　　录

第一章 背景与意义

中华优秀传统文化教育不仅是教育改革的一项重要任务,是立德树人的重要组成部分,也是国家改革与发展的一项重要任务,是国家文化建设的重要组成部分,是建设社会主义核心价值体系的重要内容,甚至是涉及中华民族生死存亡的大问题。近年来,在党和国家的高度重视下,中华优秀传统文化得以广泛传承和发展,尤其是党的十八大以来,以习近平同志为核心的党中央加快了传承中华优秀传统文化的进程。

一、传承中华优秀传统文化的价值与论述

(一)传承中华优秀传统文化的历史进程

1993 年 2 月中共中央、国务院印发《中国教育改革和发展纲要》,明确提出"要重视对学生进行中国优秀文化传统教育"。这是第一次把对学生进行中华优秀传统文化教育写进国家的重要文件中,说明从国家层面已经开始认识到对青少年进行中华优秀传统文化教育的重要性。

1995 年 3 月《中华人民共和国教育法》颁布,明确规定,"教育应当继承和弘扬中华民族优秀的历史和文化传统,吸收人类文明发展的一切优秀成果。"

1999 年 6 月《中共中央国务院关于深化教育改革 全面推进素质教育的决定》指出,"要有针对性地开展爱国主义、集体主义和社会主义教育,中华民族优秀文化传统和革命传统教育,理想、伦理道德以及文明习惯养成教育。"

2006 年 9 月中共中央办公厅、国务院办公厅印发《国家"十一五"时期文化发展规划纲要》进一步明确指出,"重视中华优秀传统文化教育和传统经典、技艺的传承。在有条件的小学开设书法、绘画、传统工艺等课程,在中学语文课程中适当增加传统经典范文、诗词的比重,中小学各学科课程都要结合学科特点融入中华优秀传统文化内容。"说明重点学科和其他学科进行中华优秀传统文化教育的思想方法已经形成。

2010 年 7 月中共中央、国务院印发《国家中长期教育改革和发展规划纲要

(2010—2020)》提出要"加强中华民族优秀文化传统教育和革命传统教育"。这一纲要的印发体现了国家对中华优秀传统文化教育一以贯之的重要性和连续性。

2011年8月《教育部关于中小学开展书法教育的意见》（教基二〔2011〕4号）发布，阐述了书法在中华民族文化和人类文明中的重要地位和价值，分析了书法教育对提高学生汉字书写能力、审美情趣、文化修养以及陶冶情操、培养爱国情怀的重要作用，郑重提出"为继承与弘扬中华优秀文化，提高国民素质，有必要在中小学加强书法教育"。"意见"明确要求在"中小学主要通过有关课程及活动开展书法教育"。

2012年2月中共中央办公厅、国务院办公厅印发《国家"十二五"时期文化改革发展规划纲要》，明确指出，"文化是民族的血脉，是人民的精神家园。当今世界，文化地位和作用更加凸显，越来越成为民族凝聚力和创造力的重要源泉、越来越成为综合国力竞争的重要因素、越来越成为经济社会发展的重要支撑"，要"大力弘扬中华民族优秀传统文化，深入挖掘中华传统节日、重大纪念日思想内涵，进行思想道德教育"。《纲要》在2006版基础上深化了对传承中华优秀传统文化重要意义的认识。

2013年1月教育部发布了《中小学书法教育指导纲要》，论述了在中小学开展书法教育的目的、意义，确立了中小学书法教育的基本理念，详尽、具体、系统地规定了书法教学总体目标与内容以及义务教育各学段、高中学段的目标与内容，提出了明确的实施建议与要求。

2014年3月教育部发布了《完善中华优秀传统文化教育指导纲要》，对新时期大力推进中华优秀传统文化教育诸多重大事项做出了全面部署和科学筹谋。对加强中华优秀传统文化教育的重要性和紧迫性、指导思想、基本原则和主要内容、推进进程、具体策略、保障措施等进行了全面阐释。

2017年1月中共中央办公厅、国务院办公厅印发《关于实施中华优秀传统文化传承发展工程的意见》（以下简称《意见》），不仅把传承中华传统优秀文化推上了新的历史高度，而且也标志着"中华优秀传统文化的全面复兴"。《意见》全面贯彻了习近平总书记关于中华优秀传统文化传承发展重要讲话精神，总结了近年来各地传承与弘扬中华优秀传统文化的经验做法，从核心思想理念、中华传统美德和中华人文精神三个方面，精准而全面地论述与界定了中华优秀传统文化的主要内容，明确提出了总体目标和各项重点任务。这是中华人民共和国成立以来，党和政府出台的第一个以传承和发展中华优秀传统文化为主题的文件，也是第一个理论与实践并重、用重大工程的方式推进的行动纲领。

可以说,这是建设社会主义文化强国的重大战略任务,对于延续中华文脉、全面提升人民群众文化素养、维护国家文化安全、增强国家文化软实力、推进国家治理体系和治理能力现代化,具有重要意义。

(二)习近平关于中华优秀传统文化的重要论述

习近平关于中华优秀传统文化的一系列重要论述,赋予了中华优秀传统文化崭新的时代内涵,不仅为新形势下加强中华优秀传统文化教育指明了方向,而且为传承与弘扬中华优秀传统文化提供了强大的动力源泉。

1. 中华优秀传统文化是中华民族的精神命脉

中国传统文化博大精深,学习和掌握其中的各种思想精华,对树立正确的世界观、人生观、价值观很有益处。学史可以看成败、鉴得失、知兴替,学诗可以情飞扬、志高昂、人灵秀,学伦理可以知廉耻、懂荣辱、辨是非。

——习近平在中央党校建校 80 周年庆祝大会暨 2013 年春季学期开学典礼上的讲话(2013 年 3 月 1 日)

不忘历史才能开辟未来,善于继承才能善于创新。优秀传统文化是一个国家、一个民族传承和发展的根本,如果丢掉了,就割断了精神命脉。我们要善于把弘扬优秀传统文化和发展现实文化有机统一起来,紧密结合起来,在继承中发展,在发展中继承。

——习近平在纪念孔子诞辰 2565 周年国际学术研讨会暨国际儒学联合会第五届会员大会开幕会上的讲话(2014 年 9 月 24 日)

中华优秀传统文化是中华民族的精神命脉,是涵养社会主义核心价值观的重要源泉,也是我们在世界文化激荡中站稳脚跟的坚实根基。增强文化自觉和文化自信,是坚定道路自信、理论自信、制度自信的题中应有之义。

——习近平在文艺工作座谈会上的讲话(2014 年 10 月 15 日)

2. 优秀传统文化是最深厚的文化软实力

提高国家文化软实力,要努力展示中华文化独特魅力。在 5000 多年文明发展进程中,中华民族创造了博大精深的灿烂文化,要使中华民族最基本的文化基因与当代文化相适应、与现代社会相协调,以人们喜闻乐见、具有广泛参与性的方式推广开来,把跨越时空、超越国度、富有永恒魅力、具有当代价值的文化精神弘扬起来,把继承传统优秀文化又弘扬时代精神、立足本国又面向世界的当代中国文化创新成果传播出去。

——习近平在中共中央政治局第十二次集体学习时的讲话(2013 年 12 月 30 日)

中华优秀传统文化是我们最深厚的文化软实力，也是中国特色社会主义植根的文化沃土。每个国家和民族的历史传统、文化积淀、基本国情不同，其发展道路必然有着自己的特色。

——习近平在中共中央政治局第十八次集体学习时的讲话（2014 年 10 月 13 日）

3. 推动中华文明创造性转化、创新性发展

要认真汲取中华优秀传统文化的思想精华和道德精髓，大力弘扬以爱国主义为核心的民族精神和以改革创新为核心的时代精神，深入挖掘和阐发中华优秀传统文化讲仁爱、重民本、守诚信、崇正义、尚和合、求大同的时代价值，使中华优秀传统文化成为涵养社会主义核心价值观的重要源泉。要处理好继承和创造性发展的关系，重点做好创造型转化和创新性发展。

——习近平在中共中央政治局第十三次集体学习时的讲话（2014 年 2 月 24 日）

传统文化在其形成和发展过程中，不可避免受到当时人们的认识水平、时代条件、社会制度的局限性的制约和影响，因而也不可避免会存在陈旧过时或已成为糟粕性的东西。这就要求人们在学习、研究、应用传统文化时坚持古为今用、推陈出新，结合新的实践和时代要求进行正确取舍，而不能一股脑儿都拿到今天来照套照用。要坚持古为今用、以古鉴今，坚持有鉴别的对待、有扬弃的继承，而不能搞厚古薄今、以古非今，努力实现传统文化的创造性转化、创新性发展，使之与现代文化相融相通，共同服务以文化人的时代任务。

——习近平在纪念孔子诞辰 2565 周年国际学术研讨会暨国际儒学联合会第五届会员大会开幕会上的讲话（2014 年 9 月 24 日）

传承中华文化，绝不是简单复古，也不是盲目排外，而是古为今用、洋为中用，辩证取舍、推陈出新，摒弃消极因素，继承积极思想，"以古人之规矩，开自己之生面"，实现中华文化的创造性转化和创新性发展。

——习近平在文艺工作座谈会上的讲话（2014 年 10 月 15 日）

（三）传承中华优秀传统文化的实践意义

中华文化因社会主义而复兴，中国社会主义因中华文化而富有中国特色。新世纪的文化复兴是圆中国梦的文化依托，加强中华优秀传统文化教育是实现文化复兴的基础。青少年学生是祖国的未来、民族的希望，加强对青少年学生的中华优秀传统文化教育，具有深远而重大的现实意义。我们要努力用中华民族创造的这一宝贵财富来以文化人、以文育人。

1. 立德树人的根本

立德树人是教育的根本任务,也是教育的时代主题,它明确了教育的根本任务,强调把培育和践行社会主义核心价值观融入国民教育全过程,突出"德"在人的全面发展中的重要地位,强调了人的全面发展、和谐发展、持续发展和终身发展。这符合教育本身的规律,也符合人才培养的规律。著名教育家蔡元培先生曾言:德育实为完全人格之本,若无德则虽体魄智力发达,适足助其为恶,无益也。教育者,养成人格之事业者。使仅仅灌注知识、练习技能之所用,而不贯之以理想,则是机械之教育,非所以施于人类。中华优秀传统文化的根本在立德,社会主义核心价值观就根植于中华优秀传统文化的土壤。可以说,中华优秀传统文化是中小学生思想道德和心灵成长的富矿。立德树人必须从中华优秀传统文化中汲取营养,优秀传统文化中的理想信念、价值追求、人格修养、独特品质和育人方式中蕴含着滋养立德树人的宝贵智慧,我们要通过重塑与创新、吸纳、融合时代精神,主动支撑与有效滋养这一目标。

2. 精神成长的沃土

中华传统文化源远流长,五千年的文化积淀,孕育了中华民族诚信友爱、温文有礼的优雅人格。中华优秀传统文化不仅是中国悠久传统文化的明证,也是每一个中国人的立身处世之本,更是我们不可或缺的精神力量。现代社会,不少家庭的孩子面临父母离异、家庭不和、沉迷网络等诸多问题,致使出现怨恨满怀、不懂感恩、自私嫉妒、报复心强、寡情孤僻、不善交往、是非颠倒、不思进取,还时常厌学逃学、抽烟喝酒、早恋斗殴、游戏人生,有些中小学生甚至还怀疑生命的意义和价值,视生命如草芥,可以说,这在很大程度上也是传统文化精神缺失所造成的恶果。

3. 文化自信的源泉

当前,世界多极化、经济全球化深入发展,国内经济社会转轨转型,深刻变革,现代传播技术迅猛发展,世界范围内各种思想文化的交流、交融、交锋更加频繁,社会思想观念日益活跃。青少年学生思想意识更加自主,价值追求更加多样,个性特点更加鲜明,社会上一些不良思想倾向和道德行为对青少年学生健康成长产生了不容忽视的影响。如强势文化的影响和入侵,导致域外节日盛行、网络恶搞盛行、娱乐文化盛行。可以说,青少年和中华优秀传统文化已渐行渐远。面对传统文化和外来文化,他们常常缺乏应有的文化自信和判断力,所以要靠中华优秀传统文化的滋养,引导青少年学生增强民族文化自信和价值观自信,增加做中国人的底气和骨气。

4. 文化认同的基础

习近平总书记将儿童青少年时期价值观的养成比喻成"扣好人生的扣子"。他强调，假如第一粒扣子扣错了，剩余的扣子都会扣错，所以人生的扣子从一开始就要扣好。中小学阶段是一个人全面发展的关键期，如果这一时期不对他们进行健全人格的塑造、中华文化的熏陶和积极情感的培育，中小学生就可能迷失在全球化的大潮中，无法认同中华传统文化，更谈不上将中华优秀传统文化加以传承和延续。所以，我们要培养青少年学生的文化认同感，就必须从人生的第一粒扣子开始，在中华优秀传统文化教育中推崇中华美德，传承中华文化。

二、中华优秀传统文化教育的内涵与内容

（一）中华优秀传统文化的基本内涵

1. 文化

要理解"中华传统文化"的内涵，须先了解"文化"一词。对于"文化"这一概念的界定，中外学者都曾进行过深入的探索，都从不同的角度对文化的内涵进行了界定。尤其在 20 世纪 80 年代，随着文化研究热的兴起，"文化"的定义更加多样化。文化的定义虽然众多，但在内容上有很多是相似的，有学者进行了归纳总结，大致把它们分为三个层面。第一，意识形态层面，即人们的世界观、思维方式、宗教信仰、心理特征、价值观念、道德标准、认知能力等。第二，生活方式层面，即人们对其衣食住行、婚丧嫁娶、生老病死、家庭生活、社会生活等方面的态度，以及采取的形式和制度。第三，精神的物化产品方面，即从形式上看是物质，但透过物质形式能反映出人们观念上的差异的创造物。这三个层面基本上概括了文化的范围，但我们必须充分地认识到，文化是一个有机的整体，它不是这三个层面内容的简单相加，而是这三个部分的有机结合。

《辞海》（1999 年版）对文化的界定：把文化区分为广义和狭义两种，广义上的文化，是指人类在社会实践过程中所创造的物质财富、精神财富的总和，指的是每个民族为了生存和发展所创造的一切文明成果；狭义上的文化，是指社会意识形态以及与之相适应的制度和组织机构，仅把观念形态的精神义化视为义化，包括社会伦理道德、政治思想、文学、艺术、哲学、宗教、科学技术、民俗风情、思维方式等。这一界定基本厘清了文化的概念，也很容易被广泛接受和认可。

2. 中华传统文化

传统文化，是一个相对"现代文化"而产生的名词。民族传统文化表现为民族的思想信念、道德观念、价值取向、风俗习惯以及思维方式、生活方式等。这

些民族传统文化对教育目的确定、教育内容和教育方法的选择,都产生了强烈的影响。中华传统文化是中华文明成果根本的创造力,是民族历史上道德传承、各种文化思想、精神观念形态的总体。从纵向探析主要指本国传统社会的文化。横向来看主要指中国传统社会中民族的整体生活方式和价值系统,除儒家、道家、法家和佛教学说外,还包括自然科学、人文科学的各个门类,如艺术、法律、哲学、道德等,以及历史、地理、医药学、天文、农学等古籍文书。因此,中国传统文化可以概括为"以中华民族为创作主体,于清晚期以前,在中国这块土地上形成和发展起来的,具有鲜明特点和稳定结构的,世代传承并影响整个社会历史的宏大的古典文化体系"。中华传统文化展现着中华民族先民的性格,蕴含着中华民族优秀的文化品质和文化精神,也反映着中华民族整体的价值取向、审美追求。中华优秀传统文化无疑是指中国传统文化中的优秀部分,是去除了腐朽落后和糟粕,同时考虑到时代特点的精华内容。

3. 中华优秀传统文化教育

中国传统教育与中华传统文化相伴而生,中国传统教育是在中华传统文化的大熔炉中铸造出来的,是中华民族长期形成的、已定型的教育遗产,是已经成为实际的教育历史实体,是中华民族文明进化过程的教育渊源。无论是中国传统教育、近代教育还是现代教育都注重对中华优秀传统文化的传承。中国优秀传统文化教育就是以中华优秀传统文化为主体内容的教育。中华优秀传统文化教育包含的内容十分广泛,其中儒家的思想体系是中华优秀传统文化教育的主流。

(二)中华优秀传统文化教育的主要内容

中华优秀传统文化是中华民族语言习惯、文化传统、思想观念、情感认同的集中体现,凝聚着中华民族普遍认同和广泛接受的道德规范、思想品格和价值取向,具有极为丰富的思想内涵。《完善中华优秀传统文化教育指导纲要》中明确指出,"加强对青少年学生的中华优秀传统文化教育,要以弘扬爱国主义精神为核心,以家国情怀教育、社会关爱教育和人格修养教育为重点,着力完善青少年学生的道德品质,培育理想人格,提升政治素养。"

1. 开展以天下兴亡、匹夫有责为重点的家国情怀教育

着力引导青少年学生深刻认识中国梦是每个人的梦,要以祖国的繁荣为最大的光荣,以国家的衰落为最大的耻辱,增强国家认同感,培养爱国情,树民族自信,形成为实现中华民族伟大复兴的中国梦而不懈努力的共同理想追求,引导青少年学生做有自信、懂自尊、能自强的中国人。

家国情怀是一种高尚的道德情操,具体表现在一个人对国家的高度归属

感、高度的认同感和高度的责任感、使命感。家国情怀的内涵概括起来具体表现在个人对民众关爱的朴素情感、个人对家园故土至深的热爱、对家国至上价值准则的认同和固守、对共同文化信仰的执着等方面。

家国情怀是中华传统文化中最宝贵、最活跃的精神资源，是一个人对自己祖国、民族和人民的深情大爱，是对国家富强、人民幸福的一种追求。在中华优秀传统文化中，家国情怀可以说是说不完、道不尽的。在中国的文学作品、思想文集、万卷史书、民间故事等中都蕴含着"家国"二字。从先秦的"修身、齐家、治国、平天下"，到汉代的"大风起兮云飞扬，威加海内兮归故乡"，到三国的"鞠躬尽瘁，死而后已"，再到盛唐的"安得广厦千万间，大庇天下寒士俱欢颜"，再到两宋时期的"精忠报国"，再到明清时代的"天下兴亡，匹夫有责"。家国情怀深深地烙印在中华儿女的内心深处，在中华文明的历史长河里涌现无数拥有爱国之心的仁人志士，他们将自己的生死置之度外，时刻心怀民族大义，为国家的繁荣昌盛、独立自强，倾尽了毕生精力。由此可见，中华优秀传统文化丰富的爱国主义教育资源，是青少年树立远大理想，培养爱国主义情怀取之不尽，用之不竭的源泉。

2. 开展以仁爱共济、立己达人为重点的社会关爱教育

着力引导青少年学生正确处理个人与他人、个人与社会、个人与自然的关系，学会心存善念、理解他人、尊老爱幼、扶残济困、关心社会、尊重自然，培育集体主义精神和生态文明意识，形成乐于奉献、热心公益慈善的良好风尚，培养青少年做高素养、讲文明、有爱心的中国人。

"处世"问题是儒家思想的重要命题，它主要探讨了人们怎样对待世界、怎样做到人与人之间的和谐相处。它是一种社会情怀，主要以"仁"为内核而展开，以儒家的忠恕之道——"己欲立而立人，己欲达而达人""己所不欲，勿施于人"为金科玉律，构成人际关系的准则。它要求人们在社会生活中将心比心，学会换位思考，想要得到别人的仁爱，首先要对别人仁爱，想要得到别人的理解，先要理解别人，自己不愿意做的事情不勉强别人，要站在他人的角度思考问题，尊重他人的利益和想法，真正做到"理解他人，尊重他人"。

儒家的"处世"准则，不仅要求人们在处理人与人之间的关系时要遵循忠恕之道，还要求个体以己为中心，将仁爱的思想不断地向家庭、社会、国家、自然而推广开来，以妥善处理人与人、人与自然、人与社会的关系为道德出发点和道德建设的终极目标。

这种立己达人的忠恕精神落实到个人与家庭关系中，就要求人们做到尊老爱幼、孝顺父母、爱兄弟姐妹；落实到社会中，就是"老者安之，朋友信之，少者怀之"，提倡"四海之内皆兄弟"这种超越血缘关系的"泛爱众"。这些思想对于构

建现今社会人与人之间的和谐友善,减少矛盾冲突,培养青少年的社会责任感和大爱情怀,仍具有重要的现实意义。

3.开展以正心笃志、崇德弘毅为重点的人格修养教育

着力引导学生明辨是非、遵纪守法、坚韧豁达、奋发向上,自觉弘扬中华民族优秀道德思想,形成良好的道德品质和行为习惯,培养学生做知荣辱、守诚信、敢创新的中国人。

中华优秀传统文化注重人格修养。在特定的历史背景下,中华优秀传统文化的修养理论成为人们维护正义、坚守家园、热爱民族的灵魂与精神支撑。在历史的长河中,中国传统人格观造就过无数舍生取义、保家卫国、正气凛然的民族英雄,他们以自己的人格实践铸就了中华文明精神内核的实质。

在历史的长河中,有以"圣人"或"贤人"为理想人格的君子人格,注重追求完美的情操和崇高的道德;有以"真人"或"神人"为理想人格的道家人格,注重追求的是人性原始和质朴的状态;有以"强者"或"狭义"为理想人格的墨家人格,注重追求的是一种"利天下为志"的人格;有以"能法之士"和"英雄"为理想人格的法家人格,注重追求以"英雄"为理想的人格。以上四种具有代表性和导向性的理想人格修养,有很多优秀的思想仍然符合现代社会标准的法理观念,对当代青少年的人格修养仍有重要的借鉴意义。

三、小学语文教学传承中华优秀传统文化存在的问题和对策

(一)存在问题

《关于实施中华优秀传统文化传承发展工程的意见》中明确指出,中华优秀传统文化传承发展要"贯穿国民教育始终。围绕立德树人根本任务,遵循学生认知规律和教育教学规律,按照一体化、分学段、有序推进的原则把中华优秀传统文化贯穿于启蒙教育、基础教育、职业教育、高等教育、继续教育各领域。以幼儿、小学、中学教材为重点,构建中华文化课程和教材体系。"所以,中华优秀传统文化进课程、进教材、进课堂成为一个具有时代价值的重大命题。

作为母语教学,语文学科以其丰富的人文内涵和文化积淀,在引领学生继承和弘扬中华民族优秀传统文化,增强学生对民族文化的认同感,丰富学生的心灵世界,激发学生的兴趣和天赋,拓展学生的言语技巧与能力等方面具有不可替代的优势。实际上,无论时代如何变革,语文教育始终联系着中国文化的命脉,流淌着中国文化的血液,是民族文化之根。语文教育既要以提升语文能力为己任,又必须以涵养民族情感、唤醒民族意识、增强民族文化自信和精神为

天职。因此语文教育必须引导学生认识中华文化的丰厚博大,吸收民族文化智慧,把语文教育过程自然看作是体认民族文化的过程。

在新的时代背景下,越来越多的语文教师已经意识到,只有把传承中华优秀传统文化落实到语文教学过程中,才能充分发挥中华优秀传统文化的育人价值,培养学生的民族精神和民族情怀,积淀深厚的文化底蕴。但是,小学语文教学在彰显中华优秀传统文化方面依然存在不足,影响了中华优秀传统文化课堂教学实施的有效性。目前存在的问题主要有如下三点:

1. 忽视中华优秀传统文化的育人价值,忽视中华优秀传统文化滋养人、感染人、激励人的作用。受应试教育的影响,一些教师在教学中往往以学科知识传递和能力训练为主,将引导学生认识中华优秀传统文化的历史使命弃之不顾,使学生失去了体认中华优秀传统文化的主要路径,那么培养学生的民族文化认同感也就无从谈起。

2. 缺乏具体的方式方法引领,一些教师将教学中彰显中华优秀传统文化的育人价值异化为政治思想品德教育。不少教师的教学方式以简单灌输和说教为主,"贴标签""喊口号"式地让学生"接受"中华优秀传统文化,不仅偏离了语文课的特点,在很大程度上也削弱了学生对学习中华优秀传统文化的兴趣,甚至失去了对学习语文的兴趣。

3. 教师缺乏对课文中中华优秀传统文化教育资源的深入挖掘能力和恰当选择能力,在教学中或蜻蜓点水,或联系无度。一些教师在教学中为了彰显民族文化,体现育人价值,常常忽视了学生的实际,超越学生的认知水平,将自己的所思所想统统搬到了课堂上,进行所谓的联系、迁移、拓展,不仅浪费了学生的宝贵学习时间,也影响了传承中华优秀传统文化的实效性。

深入分析以上问题产生的根源,我们不难发现,一些教师对小学语文课程性质的认识还有偏颇,对语文学科传承中华优秀传统文化的理论认同还不够深入,对中华优秀传统文化相关知识的掌握和理解还浮于表层,将中华优秀传统文化与教学融为一体的能力还有待加强等等一系列深层的原因,使我们深刻地认识到要想把中华优秀传统文化落到实处,教师的相关能力面临着新的严峻的挑战。

（二）应对策略

教育成败的关键在教师,那么,我们也可以说传承中华优秀传统文化效果的好与坏,也在教师,因此提高教师传承中华优秀传统文化的能力是有效落实中华优秀传统文化教育的重中之重。小学语文教师作为文化的传承和传播者,在提高自身传承能力方面,更是任重而道远。

1.夯实文化根基,发挥示范作用

教师职业的特殊性质,决定了教师的"身教"在整个教育过程中具有不可忽视的重要作用。如果教师没有意识到文化的巨大价值,缺乏文化自觉,缺乏优秀文化薪火相传的担当,再好的文化内容也会视而不见,更别说让它们闪发育人的光辉。所以作为一名合格的小学语文教师,首先自己要热爱中华优秀传统文化,使之成为自己的爱好和追求,努力让自己成长为具有文化气质的教师,具有深厚文化积淀的教师,在教学中能够引经据典、谈古论今的教师,使学生在耳濡目染中,吸吮精神养料,领略中华优秀传统文化的魅力。

2.梳理教材资源,寻找落地载体

苏霍姆林斯基曾说,"教师越是能运用自如地掌握教材,那么他的讲述就越是情感鲜明,学生听课需要花在教科书上的时间就越少。"所以语文教师想让自己的语文课堂绽放传统文化的光彩,自己首先要沉浸其中,刻苦钻研教材,充分挖掘教材中蕴含的传统文化资源,因为没有教育资源的支撑,小学语文教学彰显中华优秀传统文化就失去了落地的载体。在小学语文教科书中,有很多关于民族文化、传统礼仪、中华美德等方面的资源,例如:《但愿人长久》让学生了解传统节日中秋节的来历及习俗;《我给奶奶送阳光》让学生懂得要尊重、孝敬长辈的传统礼仪;《寓言两则》让学生懂得做事要实事求是、不能自欺欺人的中华美德。有些文本蕴含的传统文化因素是隐性的,教师要引领学生深入领会。需要教师不囿于现有的一些解读,而沉浸到教学文本中,深入挖掘教材中的优秀传统文化资源。如《笛声》一文,对于课文的开头和结尾"听,笛声又响起来了"这一句,绝不仅仅是为了文章结构的完整,还另有深意。

3.立足常态教学,自然渗透融合

在语文教学中实现中华优秀传统文化的育人价值,不是通过外部的强行输入,而是通过语文常态教学,自然渗透融合的方式来实现的。中华优秀传统文化教育以教材为依托,通过听、说、读、写、思等多种教学活动来滋养学生的生命。因此,教师应当遵循语文学习的基本规律,根据语文学科的特点,注重熏陶感染,把培养学生对中华优秀传统文化的亲切感、感受力、认同感的教育融入日常的语文教学活动中。在保持语文学科属性的前提下,让学生在丰富多彩的语言实践活动中逐步加深对民族文化的亲近感,对民族文化的认同感,让学生在丰富多彩的语言实践活动中把民族文化的根深深地植入心中,从而将育人价值的实现与掌握语文学习方法、提高语文能力的过程融为一体。例如,可以在字词教学中渗透文化元素、在语言品读中增进文化认同、在语言实践活动中强化文化教育。

第二章　渗透与融合

针对小学语文教学的五大内容领域,研究与探讨中华优秀传统文化与识字写字教学、阅读教学、口语交际教学、习作教学和综合性学习有机融合的方法与策略,拓展教师落实中华优秀传统文化的教学思路,提高中华优秀传统文化课堂教学实施的实效性。

一、中华优秀传统文化与识字写字教学

（一）要议论说

汉字是中华民族伟大的发明创造,是华夏民族思想和智慧的结晶,进入 21 世纪后,党中央提出了建设"文化强国"的理念。党的十八大报告进一步指出:"文化是民族的血脉,是人民精神的家园。全面建成小康社会,实现中华民族的伟大复兴,必须推动社会主义文化大发展大繁荣,兴起社会主义文化建设新高潮,提高国家文化软实力,发挥文化引领时尚、教育人民、服务社会、推动发展的作用。"习近平总书记在中共中央政治局第十二次集体学习时发表关于提高国家文化软实力的讲话,指出让 13 亿的每一个分子都成为传播中华美德、中华文化的主体,提高国家文化软实力,要努力展示中华文化的独特魅力。让收藏在禁宫里的文物、陈列在广阔大地上的遗产、书写在古籍里的文字活起来。因此在实现中华民族伟大复兴、实现中国梦的今天,在学校教育中开展书法教育就显得尤为重要。

2010 年 7 月,中共中央、国务院印发《国家中长期教育改革和发展规划纲要（2010—2020）》,在"战略主题"中指出,"坚持以人为本、全面实施素质教育是教育改革发展的战略主题"。要"培养学生良好的审美情趣和人文素养"。文件的表述虽然简要,但是纲领性却非常强。作为中国人,"良好的审美情趣和人文素养"的养成,离不开中华优秀文化的教育和传播。

作为《国家中长期教育改革和发展规划纲要（2010—2020）》的具体化措施之一的《义务教育语文课程标准》(2011 年版),把上述原则性的表述,落实到了

具体内容上。指出:"按照规范要求认真写好汉字是教学的基本要求,练字的过程也是学生性情、态度、审美情趣养成的过程。每个学段都要指导学生写好汉字。要求学生写字姿势正确,指导学生掌握基本的书写技能,养成良好的书写习惯,提高书写质量。第一、第二、第三学段,要在每天的语文课中安排10分钟,书写可以在课堂上指导随堂练习,做到天天练。还要在日常书写中增强练字意识,讲究练字效果。"

（二）明晰目标

1.课程标准的目标表述

《义务教育语文课程标准（2011年版）》"识字与写字"目标。第一学段的"识字与写字"的目标共六条,其中:（1）喜欢学习汉字,有主动识字、写字的愿望。（2）认识常用汉字1600个左右,其中800个左右会写。（3）掌握汉字的基本笔画和常用的偏旁部首,能按笔顺规则用硬笔写字,注意间架结构。初步感受汉字的形体美。（4）努力养成良好的写字习惯,写字姿势正确,书写规范、端正、整洁。（5）学会汉语拼音。能读准声母、韵母、声调和整体认读音节。能准确地拼读音节,正确书写声母、韵母和音节。认识大写字母,熟记《汉语拼音字母表》。（6）学习独立识字。能借助汉语拼音认读汉字,学会用音序检字法和部首检字法查字典。

第二学段的"识字与写字"目标共五条,其中:（1）对学习汉字有浓厚的兴趣,养成主动识字的习惯。（2）累计认识常用汉字2500个左右,其中1600个左右会写。（3）有初步的独立识字能力。会运用音序检字法和部首检字法查字典、词典。（4）能使用硬笔熟练地书写正楷字,做到规范、端正、整洁。用毛笔临摹正楷字帖。（5）写字姿势正确,有良好的书写习惯。

第三学段目标共四条,其中:（1）有较强的独立识字能力。累计认识常用汉字3000个左右,其中2500个会写。（2）硬笔书写楷书,行款整齐,力求美观,有一定速度。（3）能用毛笔书写楷书,在书写中体会汉字的优美。（4）写字姿势正确,有良好的书写习惯。

2.书法纲要的目标表述

2013年1月,由教育部颁布的《中小学书法指导纲要》明确规定了中小学书法教育的目标与内容,表述如下:

第一学段（1—2年级）小学低年级学习用铅笔写正楷字,掌握汉字的基本笔画、常用的偏旁部首和基本的笔顺规则;会借助习字格把握字的笔画和间架结构,书写力求规范、端正、整洁,初步感受汉字的形体美。

第二阶段(3—4年级)小学中年级开始学习使用钢笔,能用钢笔熟练地书写正楷字,做到平正、匀称,力求美观和逐步提高书写速度。

第三阶段(5—6年级)小学高年级,运用横线格进行成篇书写练习时,力求行款整齐、美观,有一定速度;有兴趣的学生可以尝试用硬笔学写规范、通行的行楷字。

(1)学习和掌握硬笔、毛笔书写汉字的基本技法,提高书写能力,养成良好的书写习惯。

(2)感受汉字和书法的魅力,陶冶性情,提高审美能力和文化品位。

(3)培养热爱汉字、学习书法的热情,珍视中华优秀传统文化,增强文化自信与爱国情感。

2014年3月,教育部印发了《完善中华优秀传统文化教育指导纲要》,在小学阶段的学习任务中明确提出了与书法相关的内容。

小学低年级 认识常用汉字,学习独立识字,初步感受汉字的形体美。

小学高年级 熟练书写正楷字,理解汉字的文化含义,体会汉字优美的结构艺术。

由此可见,《中小学书法教育指导纲要》可谓上承《义务教育语文课程标准(2011年版)》,下接《完善中华优秀传统文化教育指导纲要》,它丰富《语文标准》中"识字写字"的内容并支撑和拓展了《文化纲要》,小学教师最需要的就是要把识字和写字、书法结合起来,将识字、写字的教学意识提高到书法的文化层面。

(三)关系明辨

自《中小学书法教育指导纲要》出台以来,将硬笔和软笔的书写统称为书法。那么他们之间的关系又是什么呢? 我们教学的侧重面又如何去区分呢? 首先,中国书法艺术是以汉字为载体的艺术,书法教育和汉字教育都与文字相关,书法教育是训练汉字的书写方法与审美意蕴的教育,而汉字教育主要关注的是汉字的认读、理解和运用,这两项内容即相互交叉又互为表里,书法教育中不能没有对汉字的认读、理解,而汉字教育中又不能没有书写。在书法教育中教师在教授书法技法和审美的同时不能忽略对古帖的内容进行讲解,只会写不会认读更不知其意是现阶段书法教学的通病。因此在书法教学中第一应该注意对所临写字的认读,并知道其意。第二,通过认读古帖中的繁体字了解繁体字与简化字的关系,尤其是可以给学生讲解一些字的流变。第三,是通过临写,了解汉字造字法,汉字是通过形来表意的。汉字"六书"在篆书中的表现尤为明显。第四,要通过书法教学弘扬中国传统文化,汉字文化是传统文化的重要组成部分,提到传统文化首先想到的就是汉字,也是中华民族区别于其他民族的符号,从祖先造字到汉字发展成熟,从生疏的造型到审美高度,都是汉字文化的内容。弘扬书法文化有利于培养学生的民族自信心和自豪感。

（四）实践路径

1. 字理识字与写字教学

字理识字教学是最贴近汉字文化的识字教学方法,学生按"理"识字,易于识记,并且可以提高小学生对汉字学习的兴趣。

字理中的"理"包含内容丰富,汉字具有的"形、音、义"三要素,在教学过程中这三个要素缺一不可。汉字的"形"就是他的外部形态,"音""义"属于他的记录职能,让学生认识到为什么某个字形具有某个字义,或者说某个字形可以记录成某个词语,还要了解汉字的"构意",具体教学体现在汉字内部结构上的构形理据,在教学过程中注意三者相互兼容缺一不可。因此我们可以总结字理教学的特点是,通过分析汉字的结构理据,把汉字形体与其"音""义"联系起来从而说明用汉字组词造句的使用规律。

2. 现代汉字的字理教学

汉字经过几千年的演变发展,很多现代汉字的笔画化简,现代汉字的字理理据已经消失隐含或改变。因此在分析现代汉字的字理时要按具体情况分析。

（1）教师可利用字源和字的形体演变来解析。例如"元"字现代汉字已看不出理据,只能根据古文字的字形说明。又如"后"字的甲骨文取的是女人生小孩的情景,后来演变为"后",本意是"母权社会中女性酋长",进入父系社会后,引申为男性最高权力的拥有者,后来专指"女性中权利最高者"如"皇后""太后",现代又出现"歌后""影后"。

（2）教师可联系现代相关字形统一考虑字形演变。例如"颗"和"棵"都是量词,前者常用作小而圆的事物的量词,后者用作草木类名词的量词。为什么会这样呢？就要研究"颗"的理据,关键是了解部首"页"的理据。根据"页"为部首的字"顶""领""项""须""额"等,可以推知"页"字与"头"相关,那么就可以进一步分析很多以"页"字为旁的字的本意都与头有关,因此可以推断出"颗"的本意是"小头",具有小而圆的特点,因此用作小而圆事物的量词。这样联系汉字系统找出部首在汉字系统中的类别意义,从而弄清楚汉字的理据,以简化繁地掌握汉字。另外,也有很多字丧失了象形功能但字的组成构件没有改变,对于这样的字可以依照现代字形进行讲解,如"明"由"日""月"两个构件会

意合成，"林""森"分别由两个"木"构件、三个"木"构件合成。当然也有许多字源理据都不清，形体来源不明或者存疑的字建议教师不要胡乱拆讲。

3. 写字教学指导

在硬笔书法的教学中，教师要在学生熟悉基本笔画形态的基础上重点教会学生理解笔画的四要素，即笔画的角度、弯度、粗度和长度，引导学生体会用笔的轻重，方向和节奏。同时教师要结合不同年级的年龄特点，采取轻松活泼的教学方式。下面列举一些教学方法，供教师参考。

引导观察

学会观察是书法学习的重要环节，手眼协调才能达到最好的学习效果，首先"手到"的前提就是"眼到"。如何训练学生的观察力呢？楷书笔画形态有四要素，即角度、弯度、粗度和长度。我们以"横"为例，从角度看横左低右高，同水平显得夹角为 15 度；从弯度看，它不是完全意义上的直线，呈弯曲状向上弯曲；从长度看，比较长。掌握了四要素，笔画就能写好。但是对于低年段的小学生来说掌握这四要素还是有一些难度，所以教师在指导教学时首先让学生自主观察各抒己见，教师可以在学生发表意见的基础上进行引导，并归纳总结学习笔画要从四个方面进行观察，然后可以再找一例让同学按着学习的内容进行观察，就是进行纠偏。这就在学习的同时也达到了举一反三的学习效果。

在引导观察的过程中我们也可以充分地利用各种辅助线，辅助线可以将隐含的书写规律明晰地表现出来，从而帮助学生观察。例如横平的"平"并不是水平的概念，而是"平稳"，夹角 15 度也可以画一条水平线使学生更加明晰。

直观演示

写字训练也是一种"筋骨皮"的固化练习，教师的正确书写示范是必不可少的环节。学生通过对教师书写动作的模仿、记忆达到学习效果。教师要在讲课的过程中做出规范、清晰、直观的演示。直观演示的方式方法有很多，可以提前录制书写示范的微课，配合教学内容进行播放；也可以利用教学展台在课上进行现场示范；其中，借助教学辅助设备可以更好地实现教学效果。较先进的展台都有高倍放大的功能，这是传统方法无法比拟的。教师利用展台现场示范的优势是可以边讲解并示范，强调学生书写的重难点，现场感强，学生记忆深刻。利用视频播放或制作微课的优势是可以反复多次地播放，帮助学生在练习过程中回忆。尤其是一些难写的复合笔画，示范一遍学生很难深刻理解，需要多次反复观看，在观看过程中引导学生注意不同的书写重难点。

比较分析

这是在教学中比较常用的教学方式，学生通过观察与分析，在正确与错误之间寻找规律进行评价,判断哪一种更美观。还有在复合笔画的教学中有些容易混淆的,教师在教学过程中要注意引导学生对这些易混淆的笔画进行辨析,那么这种比较分析的教学方式比较有效。例如,竖弯、竖折和竖弯钩,这三种笔画都是写完竖画后向右行笔,容易混淆。不少学生容易把竖弯写成竖折或竖弯钩,这就需要教师指导学生认真辨析,并且在实际运用中力求准确地书写。

又比如竖提和竖勾,勾和提虽然方向相反形状相似,具体运笔方式不同。要在教学时重点比较辨析。

形象比喻

形象比喻的作用在于将事理阐述得更加直观形象,化繁为简,尤其适合低年段的学生学习坡度,而且书法中许多笔画的命名,本身就采取了比较形象的名称。例如"悬针竖"是因为尾部尖尖的像针一样。"竖弯钩"由于酷似水面上浮游的天鹅所呈现出的优雅身形,所以成为"浮鹅钩"。又例如在讲解"平捺"时,可以形象地比喻成商场中的"扶梯"更利于学生的理解和把握。

游戏激趣

小学生喜欢趣味游戏,寓教于乐更便于他们接受。并且符合学生年龄段接受心理,教师要根据这些特点积极在课堂上营造竞赛和游戏的氛围。也可以分组展开互动合作学习,激发学生的学习兴趣,培养学生实践动手能力,在快乐的游戏和竞赛中提高书写技能,提高教学效率。例如,我们可以设计一个给汉字选择正确笔画的游戏,展示悬针竖、垂露竖、竖弯钩等笔画,让学生将这些笔画放到汉字中的正确位置,通过这个游戏巩固学生对笔画名称及形态特点的掌握,又对一些字中易错笔画的规范写法进行强化。

二、中华优秀传统文化与阅读教学

(一)要义论说

阅读教学在语文教学五大领域中占据重要位置,是母语教育的主要载体,我国的语文课程历来都是以阅读教学为中心构建的,其比重占全部语文课程的三分之二甚或四分之三还多,可以说它涵盖了除了作文教学以外的一切有利于提高学生语文素养的语文教学。它包括语文课堂教学和有指导的课外阅读。学生通过阅读教学可以理解文本的思想感情,掌握文本的表达方法,发展阅读能力,形成阅读习惯,进而提高认知能力和审美情趣。学生的识字能力、写作能力、口语交际及综合性学习能力也有赖于阅读教学奠定基础、提供范例。阅读教学在语文教学中的作用是显而易见的,因此,阅读教学理应以其独有的优势,

承担起传承中华优秀传统文化的重任。

（二）关系明辨

中华优秀传统文化与语文阅读教学有着天然的紧密联系。文本是阅读教学的凭借，是阅读教学的起点。教材中文本的选择，直接影响着阅读教学的价值取向。阅读教学的文本内容很多来源于中华优秀传统文化，是引导学生领略民族文化，培养民族精神和文化认同的重要载体。我们以2017年9月在全国小学已经统一使用的统编小学语文教科书为例，统编教科书对优秀的传统文化格外重视，针对低、中、高不同阶段学生的年龄特点、接受能力在这方面的选文比重大大增加。一方面，有许多课文本身就体现了中华优秀文化，如古代诗词、古代寓言、古典名著、神话传说；另一方面，有许多课文的内容负载了中华传统文化，如介绍中国"世界文化遗产"的，介绍我国古代文学、艺术等文化成就的，介绍各民族民风民俗的。可以说，每册的教科书都选编了一大批体现中华优秀传统文化的新课文。还有以故事组织单元的内容，如寓言故事单元、神话故事单元、民间故事单元。具体为以下几个方面的内容：

1. 古诗词：教科书从一年级到六年级古诗词112首，平均每个年级20篇左右，占课文总数的30%左右，比原有人教版增幅达80%左右。从《诗经》到清人的诗作；从古风、北朝民歌、古诗十九首、五言绝句、七言绝句、律诗，到宋词、元曲，这些在教科书中都有所体现。除了《课程标准》中推荐的75首古诗词外，选入了适合小学生阅读的古诗词近40首，大大加强了古诗词阅读的量，以期通过一定数量古诗词的背诵积累，帮助学生打好传统文化的底子。

2. 文言文：小学阶段三年级开始共安排14篇文言文，三年级每学期各一篇，四至六年级每学期各两篇，包括《司马光》《守株待兔》《囊萤夜读》《铁杵成针》《自相矛盾》《伯牙鼓琴》等家喻户晓的传统故事。这些文言文简短易懂，很多内容都是学生熟悉的。鉴于小学阶段学生阅读能力有限，还将部分文言的名人故事、神话传说、名篇名著编译成白话文，或改编、节选自其他名著。如《将相和》（故事出自《史记·廉颇蔺相如列传》）、《西门豹》（选自《史记·滑稽列传》）、《草船借箭》（根据《三国演义》有关章节改编）。

3. 古典名著：高年段教科书节选了3篇古典名著有关章节内容：《景阳冈》（节选自《水浒传》第二十二回）、《猴王出世》（节选自《西游记》第一回）、《宝黛初会》（节选自《红楼梦》第三回）。

4. 古代寓言、古代神话、民间传说：二年级开始选编古代寓言故事和神话故事。选入的中国古代寓言故事有《狐假虎威》《揠苗助长》《守株待兔》《坐井观天》《亡羊补牢》《南辕北辙》等;古代神话、民间传说故事有《大禹治水》《羿射九日》《女娲补天》《精卫填海》《盘古开天地》《牛郎织女》《枣核》《猎人海布》等。

5.历史名人故事:教科书中大量收入中国历史的名人故事,以榜样来激励学生,使他们的情感、态度、价值观受到熏陶。有《扁鹊治病》(扁鹊)、《称象》(曹冲)、《鲁班造锯》(鲁班)、《伯牙绝弦》(伯牙和钟子期)、《纪昌学射》(纪昌)、《田忌赛马》(孙膑)、《将相和》(廉颇和蔺相如)。

6.文化艺术:有反映我国古代建筑与园林艺术的,如《赵州桥》《圆明园的毁灭》;反映古代音乐、戏剧、美术、书法等成就的,如《伯牙绝弦》《京剧趣谈》《一幅名扬中外的画》等。(介绍张择端的《清明上河图》)

以上呈现的传统文化内容,为实现小学语文阅读教学传承中华优秀传统文化教育提供了重要的教学资源。同时也实现了《纲要》中要求的在"课程建设和课程标准修订中强化中华优秀传统文化内容,增加中华优秀传统文化内容比重"的任务。小学语文教科书中的传统文化内容,主要通过识字课、课文以及语文园地中的《日积月累》栏目呈现。纵观全套小学语文教科书的古代文学作品的选文视野较为广泛,涵盖了《论语》《孟子》《韩非子》《庄子》《列子》《史记》《汉书》《晏子春秋》《吕氏春秋》《世说新语》《山海经》《朱子家训》等内容,基本上涉及了经、史、子、集各部。由此可见,在小学语文阅读教学中传承中华优秀传统文化,不是外加于语文教学的新任务,而是为语文学科建设带来了新的契机,更是给语文阅读教学带来了前所未有的新挑战。

(三)明晰目标

确立明晰的中华优秀传统文化的教育目标是有效落实中华优秀传统文化教育的基础。中华优秀传统文化教学目标的确定要以《完善中华优秀传统文化教育指导纲要为依据》中要求的"分学段有序推进中华优秀传统文化教育"的原则,"小学低年级,以培育学生对中华优秀传统文化的亲切感为重点,开展启蒙教育,培养学生热爱中华优秀传统文化的感情;小学高年级,以提高学生对中华优秀传统文化的感受力为重点,开展认知教育,了解中华优秀传统文化的丰富多彩"。在此基础上我们还要结合《义务教育语文课程标准(2011年版)》和语文教学的规律来明确语文阅读教学中传承中华优秀传统文化教育的目标。

1.兴趣

一、二年级是小学生学习语文的起始阶段。《义务教育语文课程标准(2011年版)》对这一学段学生阅读教学首要目标放在阅读兴趣的培养上,"喜欢阅读,感受阅读的乐趣。养成爱护图书的习惯。"兴趣是最好的老师,这一要求符合儿

童的心理特点,感受到阅读的乐趣,学生才能真正地喜欢上阅读和喜欢语文。同样的道理,只有让学生真正地对中华优秀传统文化产生兴趣,才能培养学生对中华优秀传统文化的感情,才能使学生潜移默化地受到中华优秀传统文化的熏陶,从而对民族文化产生认同。所以我们把阅读教学中传承中华优秀传统文化的第一个教学目标确定为"兴趣"一词,并把这一目标在小学阶段一以贯之。

2. 积累

《义务教育语文课程标准(2011 年版)》在第一、第二、第三学段的阅读教学目标对积累都提出了一定的要求。第一学段"积累自己喜欢的成语和名言警句。背诵优秀诗文 50 篇(段)。课外阅读总量不少于 5 万字";第二学段"积累课文中的优美词语、精彩句段,以及在课外阅读中和生活中获得的语言材料,背诵优秀诗文 50 篇(段)。课外阅读总量不少于 40 万字";第三学段"背诵优秀诗文 60 篇(段)。扩展阅读面。课外阅读总量不少于 100 万字。"由此不难看出,语文学习是一个长期的积累过程,积累越丰富,生活的土壤越肥沃,精神和语言嫁接的言语之树就越繁茂。因此,我们把阅读教学中传承中华优秀传统文化的第二个目标确定为"积累"一词,让学生在语文学习的大背景下,实现对中华优秀传统文化点点滴滴的积累,从而逐渐沉淀为具有中华民族气质与精神的中国人。

3. 思辨

阅读教学是学生、教师、教科书编者、文本之间对话的过程,可见,阅读教学的本质就是对话。这就意味着阅读教学要精心设计并组织好不同对象、多种形式的对话活动,让学生实实在在经历对话的过程,在对话的场景中,展开思与思的碰撞,心与心的接纳,情与情的交融。《义务教育语文课程标准(2011 年版)》在具体教学建议中也指出,"阅读是学生的个性化行为。阅读教学应引导学生钻研文本,在主动积极的思维和情感活动中加深理解和体验,有所感悟和思考,受到情感熏陶,获得思想启迪,享受审美乐趣。"因此阅读教学教师要给予学生足够的时间和空间,提供多元的讨论、争辩与交流的机会,虽然这种思辨还不一定深入,但这种思维模式如果长期坚持,可能会让学生认识事物更理性,能够从多个角度来看问题,处世会更理性。中华优秀传统文化是经过时间沉淀下来的精华,学生可以通过学习形成自己的观点,在优秀传统文化的浸润中、思辨中熏陶品行,修正人生态度,更深入地了解中华文化的精神内涵。所以我们把阅读教学中传承中华优秀传统文化的第三个教学目标确定为"思辨"一词,在教学中循序渐进有意识地加以渗透。

（四）实践路径

中华优秀传统文化教育的"兴趣""积累""思辨"三个教学目标要落实到具体的阅读教学中,应该遵守的原则是必须在语文阅读教学的框架下去实施,作为语文阅读教学的有机组成部分去落实,落实到具体的知识能力目标的达成过程中。通过学习过程的调控、学习方法的指导、教学方法的采用,将培养"兴趣""积累""思辨"贯彻其中,这就需要教师精心设计教学方案,并在课堂教学的实施过程中"自然融入,无痕渗透",让学生在学习字词、了解内容、体悟主旨、表达语言的过程中,自然而然地接受传统文化的熏陶,从而产生一种对中华优秀传统文化的热爱、自豪和认同之感。

1. 在诵读积累中润泽民族情怀

"熟读成诵"进行语言积累是传统语文教学的法宝,也是语文学习行之有效的手段之一。用诵读的方式学习和积累传统文化是最具民族特色的。《义务教育语文课程标准(2011 年版)》明确提出,"各个学段的阅读教学都要重视朗读。""鼓励学生多诵读,在诵读实践中增加积累,发展语感,加深体验与领悟。"叶圣陶先生曾精辟地指出,"吟诵就是心、眼、口、耳并用的一种学习方法。"语文教学对文章的记忆,如果离开了反复的朗读,就变成了强记,不仅记得不扎实,而且自然也就失去了学习语文的兴趣,最好的办法就是引领学生在反复朗读中激发学习兴趣,在朗读中不断地去咀嚼享受,也自然易记,还记得牢,"熟读成诵"就是这个道理。传统经典可积累的内容很多,可以根据学生的年龄特点,在课堂教学中,教师要给学生留有充分的诵读时间,并要注重对学生诵读策略的指导,注重诵读技巧的引导,如声音的轻重缓急,语速的快慢,恰当停顿等,在诵读中做到抑扬顿挫,声情并茂,读出节奏读出感情,读出自身的理解与感悟。传统文化中最适合诵读的是韵律优美的古诗词,学生在诵读体验中增强对文本的理解,感受传统文化之魅力。诵读的过程,是培养学生语感、增强记忆力、激发兴趣的过程,是培养学生热爱中华优秀传统文化的过程,更是对学生潜移默化地进行民族精神熏陶的过程。

2. 在语言品读中增进文化认同

小学语文教科书中有很多课文都蕴含着中华民族丰富的文化内涵。在语文教学中,学生对传统文化的感受不深,对民族文化的体认只停留在"知"上。所以,对于文化情怀的培养,绝不仅仅是知道就能解决问题的,还需要有触动心灵的体验和感悟,要使体验具有触动灵魂、产生共鸣的教学效果,就需要围绕语文素养目标设计读、品、思、悟的学习过程,让学生穿行在文本语言中,对那些熔

铸思想、蕴含情感、承载形象的语言文字进行深入理解和感悟,感其心,动其情,移其义,这样才能使学生在不知不觉中达成对传统文化的认同。如《扬州茶馆》一课文化内涵十分丰富,小小的茶馆中蕴含的扬州饮食文化,折射出的扬州风土人情,都值得学生细细品味。但扬州茶馆离学生的生活比较远,学生在学习时对"吃"背后蕴含的中国饮食文化,对"茶馆"背后蕴含的中国地域文化,大多学生是感受不到的。这就需要教师精心设计教学环节,在导入环节,可借助多媒体,配上解说,让学生身临其境走入扬州的茶馆,初步领略扬州的自然风情,拉近文本和学生的时空距离。在深入研读文本时,以"看—吃—听"为主线,细细品读课文中描写"烫干丝""小笼点心"和"零碎茶点"的三段语言文字,体验"看""吃""休闲"的乐趣。通过圈划、朗读、对话、复述等学习活动,使学生感受朱自清文章的魅力,享受"眼福""口福"和"置身茶馆中"的幸福,从而从内心深处产生一份喜爱之情,同时也会产生探究文化传统的兴趣和欲望。

3. 在语言训练中品味传统文化

语言训练是对学生进行精确表达能力培养的重要途径,也是培养思辨能力和想象能力的有效方法。在平时的课堂阅读教学中,教师对于语言的感悟和积累往往花费的时间比较多,而对于语言运用表达的训练,则往往比较忽视,甚至轻视,即使有这样的活动,也往往因为不能保证给学生充足的训练时间,而训练不到位。其实,只有在充分表达中,学生才能将语言内化,并深入感悟表达情意的韵味。我们还以《扬州茶馆》一文为例。在教学过程中安排复述"烫干丝"的全过程这一重要环节,在培养学生复述能力的同时,使学生对中国传统饮食文化的了解入脑入心,真正培养热爱中华优秀传统文化的感情。这一环节的教学难点是:在学习第二节的基础上,能抓住关键动词,把"烫干丝"的过程有条理地复述清楚。一是先引导学生把烫干丝的三步提炼成精练的词语——切丝、烫熟、调味。二是抓住关键动词。把烫干丝的过程有条理地说清楚,关键动词不可缺。可采用圈出动词的形式,了解烫干丝每一步所需的动作。但要注意的是,在这里有两个"切"字。需要区分的是,第一个"切"是"切成薄片";第二个"切"是"切成细丝"。然后用上表示先后顺序的词"先""然后",这样就在复述的过程中更具有条理性。三是有条理地复述。在学生反复朗读文本,感受了厨师手艺的高超后,让学生根据板书提示,抓住关键动词,自己来组织语言,介绍"烫干丝"的过程。学生在复述课文的过程中,不仅经历了通过语言运用真正实现文本语言向主体语言内化、转换的过程,而且从心底里深切地体悟到中华文化的丰富多彩,从而产生一种浓浓的民族情怀。

三、中华优秀传统文化与口语交际教学

(一)要义论说

2000 年教育部颁布了中小学新教学大纲,将原来的小学大纲中的"听话""说话"、初中大纲中的"听话训练""说话训练"、高中大纲中的"说话能力",统一改为"口语交际"。2001 年颁布的《全日制义务教育语文课程标准(实验稿)》和 2003 年颁布的《普通高中语文课程标准》中,都使用了"口语交际"的提法。自此,口语交际教学成为语文教学的重要组成部分,与识字写字、阅读、习作和综合性学习共同构成了语文教学的五大领域内容,改变了语文教学长期以来重读写,轻听说的倾向,使语文教学"听说读写"四项并驾齐驱,正如叶圣陶先生所说,"语文教学应该包括'听说读写'四项,不可偏轻偏重。"口语交际教学虽然是由过去的"听话""说话"整合发展而来,但却不是"听话""说话"的简单相加,它的内涵和理念远远丰富于"听说教学"。口语交际教学在培养学生口语交际能力的同时,更重视的是在交际场景中培养学生倾听、表达与应对的能力,强调的是实践功能,凸显双向互动的语言实践,强调信息的往来交互。可以说双向互动是口语交际教学区别于听说教学最典型的特征。作为交际的双方必须具有交际的意识、能力和习惯。不仅要求认真听,还要适时地对话,不断地应变,使学生逐渐形成倾听、表达和应对的能力。在口语交际教学过程中,还有重要的一点不容忽视,那就是要关注交际过程中的情感态度与价值观的体现。口语交际是听说双方互动的过程,其中蕴含着交际双方的情感态度和对某种事物的认识,表现出人际交往的文明态度、语言修养和价值观取向,如交际主体间的互相尊重、平等、协同和学生之间精神的探索,知识的建构,自我的完善,最终达到自我实现。在这一过程中充分体现了口语交际教学的育人价值,体现了语文教学工具性与人文性的协调统一,同时也为传承中华优秀传统文化提供了有利的契机。

(二)关系明辨

在小学语文教科书中,每册教材安排了 4 次口语交际活动,要想达到小学阶段的口语交际教学目标,这是远远不够的。教材中的 4 次交际实践活动,只是为我们提供了可以参考学习的例子。因此,教师要有课程资源的开发意识,根据学情实际把学生熟悉的生活场景与话题适当纳入口语交际课中;也可以将口语交际训练由课内延伸到课外,由书本延伸到学生的日常生活,尽可能利用身边的资源对学生进行口语交际的训练。因为,中华优秀传统文化博大精深,

内容丰富广博，贴近学生生活，恰好可以为口语交际教学提供有价值的课程资源支持，为构建开放、创新、富有活力的口语交际教学提供有力保障，提高口语交际教学的品质，因此，教师要对传统文化内容进行筛选、积累，最大限度地加以开发和利用，整合各种优质资源，应用到课堂中。反之，口语交际教学的特点和性质为传承中华优秀传统文化提供了难得的契机，口语交际教学不仅可以使传统文化由静态走向动态，使传统文化"活起来"，而且在学生的口语相传中扩大传统文化的传播范围，深化对传统文化的认识和了解，培养对传统文化的热爱之情，使传统文化真正扎根在学生心中，成为学生的自觉行为，从而使学生从小就烙上中华民族的印记，流淌中华民族的血液，使传统文化真正地内化于心，外化于行，为成长为具有中国气质、中国智慧的中国人打下坚实的根基。

（三）明晰目标

教学目标是一切教学行为的最终取舍依据。为了更好地在口语交际教学中实现传承中华优秀传统文化的目的，提高口语交际教学水平，明晰口语交际教学的目标尤为重要。《义务教育语文课程标准（2011 年版）》对口语交际提出的总目标是："具有日常口语交际的基本能力，学会倾听、表达与交流，初步学会运用口头语言文明地进行人际沟通和社会交往。"由此可见，小学阶段的口语交际教学总体上承担着三个方面的任务：一是"规范学生的口头语言"；二是"培养学生良好的听说态度和语言习惯"；三是"培养学生倾听、表达和应对的能力"。《义务教育语文课程标准（2011 年版）》对各个年段的教学目标也做出了具体的规定，低、中、高年段的口语交际教学目标的侧重点有所不同，那么在选择中华优秀传统文化作为口语交际教学资源时就应该斟酌它的适宜性和有效性。

1. 低年段口语交际教学目标

《义务教育语文课程标准（2011 年版）》低年段口语交际教学目标为：（1）学说普通话，逐步养成讲普通话的习惯。（2）能认真听别人讲话，努力了解讲话的主要内容。（3）听故事、看音像作品，能复述大意和自己感兴趣的情节。（4）能较完整地讲述小故事，能简要讲述自己感兴趣的见闻。（5）与别人交谈，态度自然大方，有礼貌。（6）有表达的自信心，积极参加讨论，敢于发表自己的意见。从低年段提出的口语交际教学的六条目标，可以看出低年段比较注重口语基础性训练，重视口语交际的习惯、兴趣、自信心的培养。一方面注重"听""说"的单项训练，主要是学说普通话、认真听人讲话、听故事、学习复述、讲故事。另一方面交际态度、交际信心方面进行口语交际的初步培养。因此，在低年段口语交际教学中选择中华优秀传统文化内容时一定要把握年段目标要求，关注学生的年龄心理特点,充分考虑学生的接受能力与兴趣。可以选择宜记宜背的《三字经》《弟子规》和浅近的古诗、古代寓言、古代神话、民间传说等内容作为低年段的口语交际教学资源。

2. 中年段口语交际教学目标

《义务教育语文课程标准(2011年版)》中年段口语交际教学目标为:(1)能用普通话交谈。学会认真倾听,能就不理解的地方向人请教,就不同的意见与人商讨。(2)听人说话能把握主要内容,并能简要转述。(3)能清楚明白地讲述见闻,说出自己的感受和想法。讲述故事力求具体生动。从中年段提出的三条口语交际教学目标中可以看出,中年段口语交际教学的重点是:要求逐步把基础性训练与交际性训练有机地结合起来,如训练说好普通话与训练交际行为的结合,要求是"能用普通话交谈";倾听与交际行为结合,要求"在交谈中能认真倾听,并能就不理解的地方向人请教,就不同的意见与人商讨";讲述新闻与讲故事的方式与低年段独白式讲述有所不同,要"能清楚明白地讲述见闻,说出自己的感受和想法。讲故事力求具体生动"。由此可见,中年段更加注重交际的主动性与互动性,鼓励学生敢于与别人商讨,大胆发表自己的意见。因此在中年段选择传统文化内容时要选择学生熟悉的、贴近学生生活的中华优秀传统文化作为口语交际教学的内容。如春节、清明、端午、中秋等传统节日,能够让刚刚融入社会大家庭的孩子们更容易理解和有兴趣。学生从小就亲身体验过,感受过,学生有话可说,有兴趣说,让学生在口耳相传中体会中华文明。从而使传统文化在学生心中真正"活"起来,传下去。

3. 高年段口语交际教学目标

细读高年段口语交际教学目标,与低、中年段比较,其要求明显提高。一是交际的情感态度有更高的要求,要求"学习文明得体地交流;耐心专注地倾听,能根据对方的话语、表情、手势等,理解对方的观点和意图"。二是听、说的技能有所提高,要求是"讲述见闻,内容具体、语言生动。复述转述,完整准确、突出要点"。三是在语境中的互动能力有一定的要求,如"讨论问题,能积极发表自己的看法,有中心、有根据、有条理。能听出讨论的焦点,并能有针对性地发表意见"。很显然,高年段的口语交际讲究语言的得体与生动,能够根据交际现场情境随机应变,注意表情与语气,讲话的节奏与语调;更加注重交际时思维的敏捷、应对的速度,追求语言表达的条理性、逻辑性、生动性。因此,高年段在选择传统文化作为口语交际内容时应该具有丰富的情感性、思辨性、多维性、联想性、拓展性,有助于培养学生快速发展的逻辑思维能力,提高学生的认知水平,丰富学生的情感体验,以适应培养学生交际能力的需要。如可以让学生联系生

活实际谈谈身边的传统文化,如何传承传统文化等,另外,高年级交际的话题更加广泛,形式更加多样,可以采用辩论、演讲等形式。

(四)实施路径

在语文学科中渗透中华优秀传统文化教育,应以语文学科基本属性为前提,在语文的框架里以语文的方式加以实施。口语交际教学作为语文教学的重要组成部分,也应该以口语交际教学的特点和规律为依据,围绕口语交际教学的目标和任务,选择适切的中华优秀传统文化内容作为口语交际教学的载体,让学生在口语交际教学中自然地触及相关的优秀传统文化,自然产生对传统文化的自觉意识状态,自然产生相应的文化感受、文化理解、文化认同。

1. 在倾听中走进传统文化

据研究统计,在人的语言交流活动中,听占的比重为45%,说占的比重为30%,读和写分别占16%和9%。可见,从某种意义上讲,信息接收不准确会影响有效、准确地表达。倾听,作为口语交际能力的重要组成部分,应当成为教师设计口语交际教学的立足点。《义务教育语文课程标准(2011年版)》在低、中、高三个学段也都对"倾听"提出了一定的要求。第一学段要求"能认真听别人讲话,努力了解讲话的主要内容。听故事、看音像作品,能复述大意和自己感兴趣的情节。"第二学段要求"学会认真倾听,能就不理解的地方向人请教,就不同的意见与人商讨。听人说话能把握主要内容,并能简要转述。"第三学段要求"听人说话认真、耐心,能抓住要点,并能简要转述。"三个学段关于的"倾听"要求是循序渐进增加难度的,并始终与表达联系在一起的,可见倾听是表达的基础,养成良好的倾听习惯和方法有助于良好表达能力的形成。因此,在口语交际教学中传承优秀传统文化,也应该围绕"倾听"这一目标,根据年段特征,选择适切的传统文化内容,培养学生认真倾听,善于倾听,耐心倾听,边倾听边思考的习惯,在倾听的基础上培养复述、转述的能力、表达能力和应对能力。让学生把优秀传统文化印刻在学生心中,不仅建立口语交际的自信心,更激发热爱中华优秀传统文化的感情,为有效表达打下坚实基础。

针对课标中对倾听习惯培养的要求,教师可选择中国的传统启蒙教材《三字经》作为培养学生倾听能力的素材。在中国古代经典当中,《三字经》是最浅显易懂的读本之一,它取材典故,包括中国传统文化的文学、历史、哲学、天文地理、人伦义理、忠孝节义等等,而核心思想又包括了"仁、义、诚、敬、孝"。倾听背诵《三字经》的同时,就了解了常识和历史故事,以及故事内涵中的做人做事道理。在格式上,三字一句朗朗上口,富有韵律。可以通过现代信息技术手段播放优质录音或视频,也可以教师范读,让学生感受中华文化特有的韵律美,节奏感,在教学中教师适时教会学生学会辨析、捕捉教师的声音大小、音调的变化,感受其中的意思,久而久之学生就能养成良好的倾听习惯。因为《三字经》通俗、顺口、易记等特点,其与《百家姓》《千字文》并称为中国传统蒙学三大读物,合称"三百千"。因此也可以选择《百家姓》《千字文》作为培养倾听能力的资源。

2. 在表达中感悟文化魅力

口语交际的核心是交际实践,重点是人与人之间的沟通交流,其关键能力是表达能力。教师要明确表达是口语交际的根本点,应遵循课标要求循序渐进地指导学生提高口语表达能力。中华优秀传统文化中有许多内容可以作为培养学生表达能力的资源。

首先,可以利用中华优秀传统文化内容创设交际情境,构筑交际互动平台。《义务教育语文课程标准(2011年版)》指出:"教学活动主要应在具体的交际情境中进行。"情境的创设对于激发学生的交际欲望和兴趣,促进教学活动的顺利开展和交流对话的深入拓展有着至关重要的作用。情境创设的方式是灵活多样的,需要注意情境创设的针对性、适宜性和有效性,根据学生生活阅历,创设能够激发学生表达交流的欲望和兴趣的情境,选择贴近学生日常生活实际的中华优秀传统文化内容,调动学生的日常积累与感悟,创设多样化的、符合学生生活背景的社会生活情境;或者通过多媒体展示交际案例情境,引发学生参与讨论、发表意见的热情。教师应根据不同的交际内容,灵活选用讲述故事、展示成果、游戏表演、模拟生活等方法,使口语交际教学在传承中华优秀文化中拥有丰富多彩的交际情境。教师可以利用中国的传统节日春节开展一次口语交际教学活动,春节对学生们来说都比较熟悉,从小就耳濡目染,亲身经历过,有较为深刻的印象和感受,在教学之前,可以让学生在课前做一些准备,如,知道春节的具体日期,初步了解节日的来历;了解自己家乡过春节的风俗习惯等等;然后在教学中老师可以通过多媒体播放中国传统节日春节的视频,让学生重温节日的气氛和习俗,激发学生的生活积累和感受,进而积极充分地表达自己对传统节日春节的认识和理解,感受春节所表达的喜庆祥和、团圆平安、兴旺祝福的情感价值,在相互交流中加深对春节的理解,使传统节日文化像一颗种子一样"种"在学生心中。

其次,可以利用阅读教学,创设表达环节,提升学生表达能力。因为语文教科书中有一些体现传统文化的课文,教师要充分利用这一优势,使阅读教学成为提高学生口语交际能力的主阵地。另外,口语交际能力的发展是一个长期过

程,占语文课时最多的阅读教学,是教师、文本、学生三者互动的过程,在这一过程中培养学生的口语交际能力,不仅成效显著,而且意义重大。学生在阅读时可以获取信息,更是信息的输入,在阅读的过程中,学生能够学习语言,吸收词汇,摸索语法规则,及时感悟与吸收他人的思维方式和表达方式等,学生可以把阅读和感悟到的信息转化为内部语言,将阅读得到的素材,迁移为口头表达的材料,通过思维的逻辑转换,也提供了口语交际的内容和方式,所以口语交际能力的培养必须依托阅读教学这块肥沃的土壤,才能让小学生的口语交际能力得以滋润、丰富和提升,尤其是利用阅读教学中的传统文化资源,提升口语表达能力,更有其深远的意义与价值。

3. 在应对中升华传统文化

口语交际离不开人的思维活动。学生在个体与个体、个体与群体的语言交际活动中,需要明白对方的说话意图,捕捉说话人的立场观点,加工分析所听到的主要、次要内容,还需要根据听懂的情况迅速应变,这就是口语交际的应对能力。那么利用中华优秀传统文化内容来培养学生的口语交际应对能力,不仅是对优秀传统文化的继承,还是对传统文化的创新。因为在口语交际互动交流中会面对许多不可预知的情况,需要学生有机智的随机应变能力,在思维活跃、反应敏捷的应对过程中,就自然会产生意想不到的新想法新思路,从而产生对传统文化新的思考。但是这种应变能力,需要在交流活动中培养和练就,因此需要教师要多创造这种机会,引导学生积极参与实践。在社会大背景下,中华优秀传统文化就在学生身边,学生们只要留心,处处可以看到、感受到传统文化的存在。所以可以在高年段组织学生开展关于中华优秀传统文化的座谈会,座谈会主题可以设定为"谈谈你身边的传统文化",这样每个学生都会有自己的切身体会和感受,学生间可以畅所欲言,在锻炼学生应对能力的同时,在互动、交流、思考中也会碰撞出新的思想火花,从而升华对传统文化的认识。

培养学生口语交际能力,重视口语交际的功能和交际习惯的培养,不止是口语交际课的目标,更要落实在平时的日常交往中。教师必须持续地、螺旋上升式地反复培养学生口语交际的习惯和意识,让每个学生的语言能力得到发展。

四、中华优秀传统文化与习作教学

(一)要义论说

传承中华优秀传统文化是我国新时代发展的战略需要。习总书记曾指出:

"中华优秀传统文化是中华民族的精神命脉,是涵养社会主义核心价值观的重要源泉,也是我们在世界文化激荡中站稳脚跟的坚实根基。"教育应当继承和弘扬中华民族优秀文化,加强中华优秀传统文化教育,对引导青少年学生未来坚定走中国特色社会主义道路、实现中华民族伟大复兴中国梦的理想信念,具有重大而深远的历史意义。

小学阶段的中华优秀传统文化教育在小学语文教科书中有明显的承载和体现。新编的统编小学语文教科书充分凸显了中华优秀传统文化的地位,教科书从不同角度、不同侧面增加了传统文化元素,在语文教学中刮起了强劲的"中国风"。第一册教科书第一课就是"天、地、人、你、我、他",六个大字强调的就是人与自然的和谐相融,老子说"人法地,地法天,天法道,道法自然",这是教科书对传统文化的渗透,更是社会主义核心价值观的体现。

习作教学是小学语文教学一个重要组成部分。随着课程改革的深入推进,很多教学研究者发现,运用中华传统文化指导学生习作,不仅能提升学生的语文素养,还有利于提高学生组织语言、驾驭语言及逻辑思维能力的发展。

(二)关系明辨

课堂是传承中华优秀传统文化的主阵地。过去,义务教育课程标准实验教科书中曾选编了一些中华优秀传统文化题材内容进入教科书,有表现祖国灿烂文化的《丝绸之路》,有反应我国西部开发建设、歌颂建设者无私奉献的《把铁路修到拉萨去》,有反映社会主义建设时期共产党舍己救人的《桥》。2016年统编小学语文教科书的出版,更多的传统文化元素扑面而至,大气磅礴的山水写意画、精巧逼真的传统剪纸、中国风浓烈的扇面造型、戏曲装扮的京剧人物……统编小学语文教科书经典美文凸显了蕴含丰富、传诵已久、脍炙人口特色。这版统编教科书编排了近40多篇革命传统体裁的课文,还有作为课后思考题,专题活动来了解革命英雄人物的。如王二小、狼牙山五壮士、刘胡兰、黄继光、杨靖宇、赵一曼等人物系列的内容的编排,体现语言文字训练的思想和政治教育的有机统一。教学时教师要善于发现,精心构思,巧妙运用,让传统文化精髓根植童心。教科书中爱国主义、革命传统教育等中华传统美德教育的内容,都很好地体现了立德树人的功能。由教科书编排可见,我们的语文教育对培养孩子们价值观、世界观的形成非常重,在语文教学中弘扬传统文化是我们每一位教师必须努力践行的。

(三)价值作用

习作教学是语文教学的重要组成部分。习作是运用语言文字进行书面表

达和交流的重要方式,是认识世界、认识自我、进行创造性表述的过程。《义务教育语文课程标准(2011年版)》在"阶段目标""教学建议""评价建议"中都特别强调要鼓励学生有个性地自由表达,减少对习作的种种束缚,在习作中培养学生的创新精神。所以,习作教学既要着重培养学生的观察能力、想象能力和表达能力,又要引导学生感受生活,表达真情,积淀情感。

过去,习作课是教师经常回避的课型,因为学生提笔"无语",究其原因是缺乏素材的积累。我们知道,习作教学是具有语言重塑功能的语文课堂,是我们教师渗透中华优秀传统文化、彰显国家民族文化的重要路径之一。如果教师积极学习和弘扬优秀传统文化,合理有效地开发和利用中华优秀传统文化作为"习作资源",将中华优秀传统文化教育融入习作教学,由课内延伸到课外,延伸到孩子每一天的生活和生命体验中,不仅可以丰富学生习作素材,更可以以多种听说读写实践活动来激发学生的习作兴趣,我们的习作教学一定会取得育人与能力培养的双重价值。

习作教学涉及课内学习与课外自主学习的储备。以优秀传统文化为依托,习作教学需要丰富的阅读实践。统编语文教科书一年级下册中的识字课《姓氏歌》和《人之初》,均是由传统蒙学《百家姓》和《三字经》改编而成,配图则采用了中国画,文质兼美。设计习作教学方案时,教师可以增加探究环节,启发孩子感受国学文化严谨的结构、斐然的文采、丰富的内容和文以载道的内涵特色。课内教师可以结合教科书的内容进行指导,通过阅读丰富学生对习作素材的储备和积累。习作素材课外的积累与储备,统编语文教科书一年级上册"和大人一起读"这个栏目,呈现了许多民族特色的童谣,如《春节歌》《剪窗花》这些童谣朗朗上口、节奏明快、内容丰富有趣,学生非常喜欢。还有图文并茂将传统教育寓于孩子喜听乐说的儿歌故事中的如《小兔子乖乖》。"和大人一起读"这个栏目在设计教学方案时,教师可以指导家长带领学生一起"唱歌谣",进行亲子阅读,动员家长带领孩子阅读,让孩子爱上阅读,陪同孩子一起体验心灵成长过程,这个栏目的内容不仅儿童易于积累背诵,更利于儿童接受民族传统文化的熏陶,推动大阅读空间的构建。

"和大人一起读"栏目,教师还可以从爱国情感、诗人情怀、节日文化等方面引导学生进行搜集资料,分享学习体会,来补足学生习作课内素材缺乏的现状。另一版块"快乐读书吧",教师可以将四幅与一年级小朋友相关的读书场景图展现出来:家庭读书讲故事、同学间读书讲故事、到书店读书、学拼音认字读书,以情景再现的方式传递给学生读书是生活中不可缺少的一部分。引导学生通过大量阅读,感受传统文化的人文魅力。学生更可以在诵读经典、研读中华优秀传统经典著作,品味语言,感受其思想和艺术魅力的同时体会中华文化的博大精深。

依托中华优秀传统文化内容为习作素材,教师可创设浓郁的学习传统文化的氛围,开展多元的传统文化教育活动,让学生积累丰富的作文素材,可以增强学生对传统文化的认识和积淀。教师应有计划地引导学生进行语言积累,并在实际写作中熟练掌握和运用,达到以传统文化内容为载体培养学生习作能力的教育目的。教师可以引导学生创办以传统文化为主题的黑板报,还可以利用班会讲历史故事,举办诵读比赛等。开展多元的优秀传统文化教育活动,可以让学生感受传统文化带来的精神愉悦,培养学生学习优秀传统文化的兴趣。所以,日常教学,教师要鼓励学生积极参与各类活动,关注生活中的传统文化,激发表达需求,引导学生正确、熟练、有效地运用传统文化的思想和语言进行写作。日积月累,学生习作的素材积累逐渐丰实,学生会有自己的独特想法,口头语言表达会有话可说;书面表达更会文思如泉,且具有自己表达的创新,由此看来,在习作教学中落实中华优秀传统文化,有利于培养学生习作能力和语文核心素养的形成。

（四）实践路径

1.基于教科书、创新内容,明晰作文的目的

教科书是编写者精心编排的,是思想性和艺术性结合较好的阅读文本。教科书能够使学生得到经典和优秀文化的熏陶,能够对学生的思想和写作能力产生“潜移默化”影响,能使学生与课文中的人物、情感等产生共鸣,可以促进学生思想水平的提高和写作技能的进步,为自身的写作创造条件。所以在准备习作教学方案时,教师可以对教科书进行传统文化素材的筛选,对学生学习内容进行充分分析,还可以基于课文重组,来整合学习资源。另外,教师也要关注教科书在编排上落实教育内容的深层层面,要注意教科书中的很多“口语交际”和“习作”的编排基本都是相互关联的,教学时教师不要割裂开进行指导,有些话题可以先回顾本组课文,可以开展一些活动后再进行习作教学。

如义务教育课程标准实验教科书五年下册中“走进西部”这一单元,在进行本单元的习作教学时,教师可以引导学生聊聊学习这组课文后的感受,鼓励学生运用阅读中积累的语言素材,运用阅读中学到的表达方式,来丰富自己的习作;也可以引导学生回顾本组课文相同之处,以及学生搜集到的信息,来主动筛选信息,整合信息,体会素材传递出来的内容与情感,唤起学生对祖国西部美丽风光、历史文化的回顾,从而引发学生热爱祖国的情感。再如《桥》《丝绸之路》

这样的课文,也是习作教学指导的好素材,他们能够振奋学生精神、增强学生民族自强感,教师可以用这样课文唤起学生的公德心、爱心和社会责任感。基于对传统文化素材合理的筛选,可以唤起学生的情感交流,起到推波助澜的作用,更可以引导学生自然走进习作,达到我手写我口、我手写我心的状态,学生也可以明白习作的目的是练笔,不是创作,习作是生活的需要,是生活的组成部分。

2. 创设读书氛围,注重积累、运用,激发习作情趣

生活是习作的基础,日常生活的点滴积累都是学生作文的素材。毛泽东曾经说,读"无字之书"主要是指接触社会实际,参加社会实践。中国有句古话"兵马未动,粮草先行",广泛的阅读是写作素材的积累,更是习作的前提。教师可以鼓励学生开展丰富多彩的课外阅读活动,阅读过程中的事件、人物、场景等都会帮助学生形成心理活动和情感体验,这些都是习作前的积累。有了丰富的素材积累,就可以点燃学生表达的欲望和习作的兴趣。苏霍姆林斯基说:"应该把读书笔记作为作文教学的重要内容之一。"学生之所以对习作有为难情绪,是缺乏素材的积累,缺乏亲身体验,所以会出现"巧妇难为无米之炊"的现象。因此,在进行习作准备时要结合学生现阶段的认知水平,选取一些和现实生活联系较为密切的话题,可以是日常生活中传统节日、经典文化中的优秀人物,还可以是学生诵读过的弘扬中华美德的歌谣、诗词或者"四大发明",通过这些内容的学习让学生对我国的传统文化产生敬佩与自豪感;也可以引导学生表达他们看过的"孝道"以及"信义"的小故事与同桌交流,积极对传统文化和故事进行学习,让学生认识到我国传统文化的魅力。

另外,教师可以教给学生引用典故的方法,引导学生在生活中学会用放大镜去观察生活,用传统文化知识助力习作内容,在日常生活中发现新事物,获得新感受。有了丰富的习作储备,学生习作的兴趣就会被激活,学生口头表达会富有兴致及感染力,这样的储备学生不仅可以获得传统文化思想的熏陶,而且可以将中国传统文化内容转化成为学生习作的素材库的一部分,在一定的需求驱动下和环境的触动下,就可以引发学生愿意表达的动力,学生的观察力和感受力提高了,有助于表达能力的提高,更可以拉动学生积蓄已久的生活素材,并能迅速达成文本表达的内需。

所以,教师可以引导学生练写读后感和日记,鼓励学生把自己看到的、听到的和想到的用文字记录下来,把日常的语言储备形成一种习惯和一种能力。有了储备就会有习作的动机,学习动机是人与生俱来的,动机是行动的直接动力,人的表达与交流的愿望是人在社会中的属性决定的,作文动机也如此。教师可以选取学生读过的优秀作品,创设愉悦的阅读氛围,因为这些优秀的作品,不仅

可以开阔学生的视野,学习到优美的语言文字,在提高学生理解文字和运用文字能力的同时情感也能得到熏陶。

3.因需而作,立在"诚"字,关注真情实感表达

《义务教育语文课程标准(2011 年版)》强调第二学段习作:"1.乐于书面表达,增强习作的自信心。愿意与他人分享习作的快乐。2.观察周围世界,能不拘形式地写下自己的见闻、感受和想象,注意把自己觉得新奇有趣或印象最深、最受感动的内容写清楚。"叶圣陶老先生也曾经说过:"我们作文,要写出诚实的、自己的话。我们要记着,作文这件事离不开生活,生活充实到什么程度,才会做成什么文字;尽量用语言文字并不是生活上的一种奢侈的要求,实在是现代公民所必须具有的一种生活能力。"叶老的话提醒我们,要关注学生表达能力的培养,教师必须在习作课堂上,创设多种语言实践活动,让学生续编、改编故事,复述故事等,还可以让学生从电视、报刊、网络、广播上提取消息、注意观察身边的大事、趣事和身边值得感动的事,用这些素材鼓励学生进行表达交流。如中年级习作,教师在习作指导时一定要让学生如实表达,事实是什么样的,听到的,想到的,不要写走样,教师要培养学生能够再现生活,这是学生很重要的表达能力,让学生把自己的想法先用口头语言表达出来再进行书面表达,口头作文可以提高学生的口语表达能力,基于口头作文做先导,学生想说的内容写下来就会变得容易些,说写彼此相互促进,学生的书面表达能力也会得到提高。更重要的是通过口头语言实践将口头语言转化为书面语言,学生的作文能力最终会明显提高,也会加速语文核心素养的形成。

习作倡导真情实感,简单地说,就是写真人、叙真事、抒真情、不说假话空话。真正有效的习作课堂,应该让学生觉得习作课就是一种真情实感的抒发和表达 。如执教人教版三年级上册习作内容《生活中的传统文化》,教师可以从学过的三年级上册《赵州桥》入手,引导学生回忆赵州桥的地理位置和历史价值,尤其要提醒学生关注赵州桥雄伟、坚固、美观的特点来唤醒学生对传统文化的认知,这样的设计可以激活学生大脑里储存的素材,学生就会把平时看到听到的如天安门这样具有代表性建筑物等素材的积累简单地表达出来;教师还可以顺势出示习作要求,然后再模仿《赵州桥》特点写写你心中的具有历史价值的建筑。

对于写人的习作内容,教师可以引导学生借鉴学习过的优秀人物来描写自己熟悉的人。教师可以借助歌颂优秀人物和革命英雄题材的课文,如《詹天佑》《夜莺的歌声》《小英雄雨来》,让学生抓住课文中人物特征的描写及表情达意的方法来写自己的想法。要引导学生注意描写詹天佑和"夜莺"、雨来的外貌

的句子,通过对人物具体语言、行为的描写展现了他们的爱国、坚强、不怕困难和聪明才智。在回顾课文情节时,只要引导学生仔细体会人物形象写作写法,并把学到的写人物的方法在习作时加以运用,通过抓住人物主要事迹来表现人物的品质,学生学习起来自然也会从中得到启发,产生对人物的敬佩之情,这也可以使学生体验到情感是习作表达的另一个层面追求。这样,因为学生有了习作的"支架",生活中的点滴情节很快就会被学生串联起来,他们能甄选素材,通过对爸爸、妈妈或是对长辈的描写,在自己的原生态习作中表达自己的情感,学生的习作才能充满浓浓的生活味道,充满童真童趣,体现学生的真情和心意,这样的习作也才能凸显习作教学求真务实的教育意义。

4.习作评价,在于唤醒,在于张扬学生个性

《义务教育语文课程标准(2011年版)》对习作教学提出了明确的要求:作文教学应当以学生为主体,尊重学生的个体要求,写出真情实感的文章。这要求语文教师在作文教学中应本着张扬学生个性为理念,从"要我写"向"我要写"转变。习作过程是一种复杂的创造性劳动,自然也如同玉器的打磨一样。玉不琢,不成器,习作指导便是"磨玉"的过程。有效的习作教学其评价方式非常重要,多元的评价与批改是提高学生作文水平的重要途径之一。《义务教育语文课程标准(2011年版)》强调中年级习作:"修改自己的习作,并主动与他人交换修改,做到语句通顺,行款正确,书写规范、整洁。根据表达需要,正确使用常用的标点符号。"

习作修改的过程中教师要关注学生表现出来的情感、态度、知识、追求等,在此基础上发现和发掘学生身上的潜在能力。教师要鼓励学生积极地对自己的作文进行二次开发,要为学生创设修改习作的交流氛围,多一点鼓励和建议,少一点批评。利用学生积极愿意表达的意愿,给学生提供多种言语实践与互评互改的途径和方法,让学生体验二次创造的喜悦,使学生的潜能得到充分的发挥。比如,听经典故事写优秀人物或写重要事件的习作修改,教师可以在巡视的过程中发现写得好的习作,可以让学生先听这些同学介绍自己的文章内容,然后再小组合作进行交流,经典案例的启发会烙印在学生的记忆中,他们幼小的心灵会潜移默化地受其影响,其日后的人生态度和方向也会得到指引。以文化心,这对培养学生的道德、开启学生的智慧、培养他们的远见卓识和塑造他们的优秀品格有着重要的作用。而且,随着年龄的增长,学生知识和阅历的增加,他们会逐渐加强对经典的理解,经典会成为他们一生开智、受益、励志、成长的源泉。基于二次创造理念的习作修改不仅修改的是内容,更是引领学生调整修正自己做人的过程。

　　另外,教师要认识到修改习作不仅是学生对词语积累运用及习作内容再开发的过程,更是作文能力得到发展的一个过程,是学生做人成长的一个过程,要让学生养成自主修改的习惯,让学生懂得修改的意义,习得修改文章的方法。对于高年级学生的习作修改,教师要更多关注学生的自主修改,可以出示习作要求来引导学生进行自行修改。习作指导时教师要引导学生关注内容与文题是否适切,作文的内容是否完全符合题目范畴,检查习作所表达的主题是否正确,所选内容是否表达了自己的想法,表达是否说得清楚;是否围绕中心进行选材,重点是否突出;详略是否得当,结构是否合理;条理是否清晰;重点是否突出。在写作技巧上学生是否运用了之前学过的前后照应、开篇点题、结尾点明中心等方法,这些写作方法的运用是否帮助了内容的表达,使文章更活泼生动,给人留下深刻的印象。

　　习作指导还涉及学生互查互改。学生完成自查自改后,就可以进入到互评互改环节。人教版教科书三年级上册《语文园地五》口语交际的主题“生活中的传统文化”,习作的内容与口语交际的主题一致。编者意图是让三年级学生对祖国的中华传统文化有一些了解,通过习作前的口语交际和综合性学习活动,引导学生通过搜集资料将视野投向广泛的社会生活,让学生在生活中体会中华传统文化的博大精深和丰富多彩,感受中华优秀传统文化就在我们身边。在修改这样习作内容时,教师可以引导学生从二次开发习作资料入手,在对学生搜集的我国精美的民间工艺、我国重要节假日、我国中医药的发源等资料进行汇报时,教师可以引导学生认真倾听其他同学的汇报,并记录下自己未能搜集到的资料,扩大学生对中华优秀传统文化的认知,从而更深刻地体会文字、图片中蕴含的传统文化内涵,激发学生结合资源进行习作修改的积极性与主动性。这样评改的过程学生既是作者,又是听者,既是行为互动,又是思维互动;既有知识的交流,又有情感的交流和合作,有对写作成功者的赞许,有对还需努力者的帮助,更是学生认知成长、情感态度价值观形成的过程,他们在合作中取长补短,他们在倾听他人分享作文的过程,不仅是学习成长的过程,也是学做“人”的过程。

　　习作评价,在于唤醒,在于张扬学生个性。每个学生都是不同于别人的个体,他们有着不同喜好,不同的思维,但每个学生都有自己表达的需求,都有施展个性的渴望,都有愿意表达的想法。教师要准确把握学生的个性和作文程度,了解学生的个体差异和不同的喜好,采用适合学生的教学方式或方法,让学生的个性和能力得到较好的发展。习作评价可以突破习作主体(学生)与习作方式的限定,使习作成为可供学生自主选择的一种学习方式;使广泛分享习作

快乐及习作蕴涵的思想情感、信息资源成为每一个学生的权利，使习作真正成为表达与交流的手段，习作过程会成为学生分享与合作的成长过程。

经学生反复修改后的作文，老师要根据每个学生的实际情况，可以采取少数面批的原则，进行有针对性的指导，教师可以让学生"朗读"自己的作文，这样的方法，便于学生发现自己作文中的疏漏之处，在读的过程中学生可以发现意思没说清楚、词用得不恰当的地方，这种面批的方式可以提高学生修改作文的水平，提高修改能力，教师也可以通过面批等形式了解学生的不足，研究改善教学的方法，也可以提醒和引导学生加强习作写作方法或内容等方面的学习。

习作评改是合作分享的一种非常好的方式，它既是习作的一种方式，又是习作的一种动力；学生在合作中分享、在分享中合作，改变了过去学生被动接受教师单一评改作文的局面。习作课堂上教师有意识的引导和点拨，把更广阔的空间留给学生去思考与实践，教师更多关注了学生作文的反复修改和学生语言的生成，把作文评改向多元纵深方向发展。

总之，教师可以不断创新习作教学思路，结合传统文化中丰富多彩的内容，指导习作教学，通过感悟圣贤文明、启迪心智、陶冶品行、提高修养，通过学生大量的语言实践和教师教学方法的不断调适，充分发挥传统文化的魅力，汲取营养，培养儒雅风范的人才。

五、中华优秀传统文化与综合性学习教学

（一）要义论说

《义务教育语文课程标准（2011 年版）》强调："综合性学习主要体现为语文知识的综合运用、听说读写能力的整体发展、语文课程与其他课程的沟通、书本学习与生活实践的紧密结合。综合性学习应贴近现实生活，联系生活中的实际问题来开展学习活动，在实现语文学习目标的同时，提高对自然、社会现象与问题的认识，追求积极、健康、和谐的生活方式，增强抵御风险和侵害的意识，增强在与自然、社会和他人互动中的应对能力。"小学阶段的语文综合性学习是跨学科的学习，涉及课内外的诸多联系，在综合性学习中强调学生学习的过程和实践过程，注重激发学生的创造潜能，通过课程安排和实践操作，可以培养学生的观察能力、整合信息的能力、组织策划的能力、相互合作的能力。综合性学习对于培养学生听说读写能力及创新精神和实践能力、提高学生的语文素养，具有非常重要的意义。

（二）关系明辨

经过国家审定的课标版小学语文教科书在综合性学习课程设置方面，对三

个学段的编排内容都具有较强的梯度性。《义务教育语文课程标准（2011 年版）》规定：

第一学段综合性学习"课程目标和内容"要求：1. 对周围事物有好奇心，能就感兴趣的内容提出问题，结合课内外阅读共同讨论。2. 结合语文学习，观察大自然，用口头或图文等方式表达自己的观察所得。3. 热心参加校园、社区活动。结合活动，用口头或图文等方式表达自己的见闻和想法。

第二学段则提出：1. 能提出学习和生活中的问题，有目的地搜集资料，共同讨论。2. 结合语文学习，观察大自然，观察社会，用书面或口头方式表达自己的观察所得。3. 能在教师的指导下组织有趣味的语文活动，在活动中学习语文，学会合作。4. 在家庭生活、学校生活中，尝试运用语文知识和能力解决简单问题。

第三学段在此基础上又提出：1. 为解决与学习和生活相关的问题，利用图书馆、网络等信息渠道获取资料，尝试写简单的研究报告。2. 策划简单的校园活动和社会活动，对所策划的主题进行讨论和分析，学写活动计划和活动总结。3. 对自己身边的、大家共同关注的问题，或电视、电影中的故事和形象，组织讨论、专题演讲，学习辨别是非、善恶、美丑。4. 初步了解查找资料、运用资料的基本方法。

从学段目标可见，小学三个学段综合性学习教学目标不同，学生语文综合运用能力发展目标各有侧重，各个层级教学内容对学生探究精神和合作态度的要求也大不相同。

（三）价值作用

综合性学习主要体现为语文知识的综合运用，听说读写能力的整体发展，语文课程与其他课程的沟通，书本学习与生活实践的紧密结合。拿统编小学语文教科书为例，翻开统编教科书，以传统文化"朋友""家国"为关键词设计的专题活动很多，教师可以依托教科书，积极组织开展语文综合实践活动，如采访、朗诵、演讲等，以此来拓宽学生语文学习的路径和方式，将传统文化的继承与发扬置于具体的语文实践活动中。

如教学统编教科书一年级语文上册汉语拼音"ao ou iu"，选取《欢迎台湾小朋友》这一歌谣，教师可以引导学生在课外读书时查阅资料，也可以让家长陪同学生一起查找资料了解台湾历史，让学生明白台湾是中国不可分割的一部分，以此来弘扬家国教育、渗透家国情怀。教学语文园地六"展示台"时，可以让学生回忆上学路上或者地铁站认识的站名等，教师可以开设"家乡地名知多少"的

专题实践活动,让学生感受家乡风土人情,体会乡土文化传统特色。再如,人教版小学语文教科书中综合性学习内容的编排基本都是结合课文、习作或者口语交际内容进行编排的。教师可以深入挖掘中华优秀传统文化的内容,将中华优秀传统文化与综合性学习巧妙融合,可以围绕活动主题,结合传统节日、古建筑、中华美食、中国戏曲、古典名著、书法、国画等展开综合性学习。

如人教版小学语文三年级上册的第一单元的综合性学习内容是"开展一次活动",把自己的课余生活记录下来,可以用文字叙述,可以填表格,可以画图画……注意边记录边整理,准备和同学交流。这一单元的第一篇课文就是我们的民族小学,这篇课文主要展现的是西南边疆一所小学,课文内容反映的是孩子们幸福的学习生活,体现的是祖国各民族之间的友爱和团结。这组课文,教科书提出了"记录自己课余生活"的综合性学习的要求,安排在《我们的民族小学》之后,目的是让学生把自己的课余生活记录下来,把课内外结合起来,主要是让师生了解设置这次活动的目的和意义及开展活动的方法。本册第五单元是"灿烂的中华文化",这两次综合性学习的设置都与阅读、口语交际、习作和展示台有着密切的关联,也体现了课内外的有效衔接。

人教版五年级上册第二次综合性学习是"遨游汉字王国",这次综合性学习,教科书突破了以课文为主题的单元结构,围绕专题"汉字"来编排的,体现了任务驱动和活动贯穿始终的编排意图。这样的综合性学习内容,教师应本着让学生感受汉字的有趣、神奇,了解汉字文化为基础进行活动的设置。可以先让学生搜集资料,进行社会调查活动,加深对汉字文化历史的认识与热爱,学生通过学习文字文化而喜欢上祖国的语言文字,进而提高正确认识运用汉字的自觉性。

"遨游汉字王国"分成"有趣的汉字"和"我爱你,汉字"两部分,每个活动都有活动建议,教师可以根据活动建议的提示,引导学生拟定活动计划。计划可以涉及:1.小组制订活动计划。2.搜集整理具有特点的汉字,体会汉字历史文化的丰富有趣或阅读汉字小故事等,初步发现汉字的起源。3.初步了解汉字的演变,学习欣赏汉字书法艺术,小组进行社会调查,学写简单的调查报告。另外,对于"字谜七则"的学习有很多种方法,组合法、象形法、意会法。"有趣的谐音""汉字的演变""一点值万金""赞汉字""我爱你,中国的汉字"等阅读材料,教师在教学时要注意引导学生探究,提高对纯洁祖国语言文字的认识,养成防止和纠正写错别字的习惯。

《"册""典""删"的来历》的学习教师要注意培养学生提取信息的能力,引导学生去了解汉字的演变和历史。《仓颉造字》的学习要培养学生的问题意识,要让学生发现在中华民族漫长的历史上汉字是怎么起源和发展的。《汉字的演变》可以让学生发现汉字经历的几个阶段。《赞汉字》从词语到汉字书法欣赏，师生可以围绕"汉字"，开展一次学习活动，从有趣汉字，到古今中外的汉字欣赏，全班分为不同的小组，搜集、整理、阅读有关汉字的诗词文章、成语典故和书法作品，然后组内或班内交流探讨，学生可以谈感受、看法、见解等来提升对汉字的认识。教师还可以举办"汉字演变文化展"，鼓励学生积极搜集素材，引发学生对汉字的兴趣，培养学生对祖国语言文字的自豪感。这样设计教学，可以培养学生自主策划、开展活动、提取信息和运用资源的能力。在教学中教师要把传承优秀传统文化教育的理念渗透其中，当学生与汉字的文化历史相遇的时候，也是在与中华优秀传统文化进行对话。

另外，综合性学习应强调合作精神，注意培养学生策划、组织、协调和实施的能力。教师开展主题综合性学习，要有明确活动目的，可以以活动为平台，整合阅读、写作、口语交际的学习内容，以资料搜集、活动策划、实地考察等形式，形成一个语文综合实践活动的框架。教师应着力培养学生的自主性学习能力，重视学生主动参与的意识，为更好激发学生的积极性，教师可以引导学生自主设计和组织活动，注意引导学生加强关注探究和研究的过程，让学生读写互动、听说融合、由课内到课外，培养学生语文综合运用的能力。

（四）实践路径

1. 在综合性学习中培养学生的问题意识

《义务教育语文课程标准（2011年版）》第一学段综合性学习目标提到："对周围事物有好奇心，能就感兴趣的内容提出问题，结合课内外阅读共同讨论。"爱因斯坦曾说过："提出一个问题往往比解决一个问题更重要，因为解决问题也许只是一个数学上或技能上的实验而已，而提出新的问题，新的可能性，从新的角度去看旧的问题，却需要有创造性的想象力，而且标志着科学的进步。"所以，我们教师在综合性学习教学中的首要任务是要培养学生问题意识。

课改以前，传统的课堂教学方式是教师提问，学生回答。一堂课下来教师讲得多，学生始终处于听的位置，这样的课堂学生的学习是被动的，学生没有质疑的习惯和能力，对培养学生好奇心和问题意识，教师没有深入的思考和研究。新课改后，教师们更多地关注了学生问题意识的培养，在教学中教师努力去创设激发学生质疑潜能的情境，努力去保护学生好奇和疑问这一可贵的心理品质，引发学生主动学习与思辨的兴趣。

培养学生的问题意识，要鼓励学生敢于质疑。宽松和谐、民主的课堂氛围

是质疑的首要条件，教师设定的问题如何引发学生乐于追问这非常重要，学生只有乐问敢问，才能真正发挥学习主观能动性。日常教学中教师可以用《千字文》《百家姓》《三字经》《弟子规》传统蒙学内容进行经典诵读，这些中华优秀传统文化素材一定程度上代表了我们国家的传统文化，和古人对美好事物一些追求，可以在诵读的过程中引导学生关注行为、礼仪修养等，教师在日常教学中也以参与者的身份与学生一起进行探索、交流，可以针对文中的一段话或者一个行为引发学生进行质疑、讨论。教师要注意营造一个礼貌、自信、自主的课堂环境，来培养学生健全的人格、思想、情感、个性。对于课堂上学生细微的变化，教师都应该给予表扬和鼓励，引导他们在具体的学习活动中对诵读的内容进行再认识、再发现、再创造，以此来激发学生的学习热情，增强学习的自信心。民主平等的学习环境，学生方能逐步解放自己，在自由的思维空间，逐步做到敢于思考，善于发现，乐于探究，勇于提问。

如人教版四年级下册的综合性学习内容不仅涉及人类在大自然中受到的启发，还有发明创造的搜集、调查访问的活动内容。教师可以建议学生去搜集中草药、中华饮食文化的资料，还可以让学生去了解四大发明等中华优秀传统文化的内容。中药是我国传统文化最杰出的代表之一，世界各国都曾使用草药治疗疾病，但是只有我们国家把草药提炼升华，形成一个完整的防治系统。学生通过搜集整理资料，还会发现我们国家文化中还有五行学说，如果基于字面的理解，学生对"五行"到底是什么内容是不了解的，所以学生可以带着问题去学习去查找答案。五行学说也是中国文化中一个非常有特色的理论，天地万物，可以归纳成金、木、水、火、土，这与教科书所提倡的天地人、你我他的理念是一致的。学生通过对有些中华优秀传统文化的聚焦了解，再结合自己的经验和已有知识，来建构他们对新事物的理解。所以，在学习过程中教师只有依据学生的认知规律，循序渐进地激发学生已有知识的储备和生活经验来发现问题，学生才会提出具有个性化的问题。

综合性学习活动中教师应引导学生深入挖掘资源，提出有价值的问题。如果有的学生提出的问题较简单，可以让学生自己去寻找答案；如果有的学生提出具有创新观点的问题值得探讨，教师应首先肯定学生的质疑精神，并以此为契机，助燃全体学生的创新想象之火。这样，针对不同的主题内容，做相应的引导，让学生在不断质疑、问难和不断答疑、释难中去感受什么样的问题最具价值，从而培养学生提出高质量问题的能力。教师在教学中对学生问题意识的培养，可以激发学生学习兴趣，引导学生积极参与活动，最大限度地发挥学生主体作用。

对教师来说,综合性学习应更多关注学生学习的综合实践性。教师要引导学生进行多种学习方式整合,综合学习目标、整合学习内容。对于综合性学习涉及的广博知识和内容,可以基于中华民族深厚的历史文化、自然、科学等,也可以基于人物、建筑等方面,还可以涉及学习材料过程中出现的识字写字、阅读、习作还有口语交际等内容。教师在进行教学时,要结合学段目标,结合学生实际情况,用可以贴近学生生活的主题或者话题激活学生思维,在追问、质疑、补充、整合的讨论交流中进行思想碰撞,使其升华为自身语文素养。

结合统编语文教科书的内容,教师可以挖掘革命战争年代故事的深刻意义和现实价值的课文人物,引发学生产生思考和质疑,课文中人物的优秀品质表现在哪些方面? 如《吃水不忘挖井人》一文,教师可以以"滴水之恩,涌泉相报"问题引导学生去发现生活中一些人的优秀品质,可以以朴素感恩的理念浸润童心,也可以将传统礼仪中的尊老敬贤、礼貌待人、与人为善、礼尚往来等对学生进行传统礼仪教育,加以传承和发扬,做到古为今用。

2. 在综合性学习中培养学生的合作意识

语文综合性学习是以学生的生活实际和社会实践为基础,运用学过的语文知识与方法在实践中学习、开发资源的一种学习形式。学生开发的这些资源的内容和学生实践生活紧密联系,所以综合性学习应该设计学生感兴趣的主题来激发学生的全员参与。另外,综合性学习的突出特点不仅指向学习过程,还指向学习结果和表现。《义务教育语文课程标准(2011 年版)》指出:"语文课程是一门学习语言文字运用的综合性、实践性课程。义务教育阶段的语文课程,应使学生初步学会运用祖国语言文字进行交流沟通,吸收古今中外优秀文化,提高思想文化修养,促进自身精神成长。工具性与人文性的统一,是语文课程的基本特点。"课程标准这个纲领性文件强调语文课程是一门学习语言文字运用的综合性、实践性课程。综合性和实践性体现了语文教学所追求的目标,对于"实践性"的探究,教师应该在充分了解学生学习原点的基础上,为学生制定出适于学生实际发展的语文综合能力培养目标,然后围绕这个培养目标,分层有目的地对学生的语文综合能力进行培养。

综合性学习培养学生的合作意识是适应社会发展所具备的基本能力。合作学习是指学生在学习群体中,为了完成共同的任务,有明确的责任分工的互助性学习。目前的课堂上合作学习已经成为学生学习的重要方式之一,合作学习有助于培养学生合作意识和团队精神,也有助于培养学生竞争意识和适应社会的能力。新课改进行多年,语文课程在倡导以生为本的大语文观的理念下,课堂上教师引导学生合作的意识得到重视和加强,培养学生合作能力的教学环

节也比比皆是,综合性学习真正起到了为学生搭建沟通、交流与合作平台的重要作用。

综合性学习可以培养学生的合作精神。课内,教师要积极培养学生的参与意识,要小组分工明确,每个成员都要有具体的任务。教师要为学生创设阅读、思考、倾听、表达、评价等诸多的实践机会,让学生在活动中感受语文、理解语文、运用语文。课外,教师可以组织各种语文活动,让更多的学生和家长参与进来,开展语文课外活动,进行写作、课外阅读、作文比赛、演讲论坛等各项活动来促进学生合作互动。

在综合性学习中培养学生的合作意识可以提高学生的组织、协调和实施的能力。教学时,教师可以给小组出具明确的任务分工,让每个学生积极领取并承担个人任务。继续拿《遨游汉字王国》这次综合性学习内容来说,教师可以根据汉字的起源、发展等内容设计活动的具体步骤和要求,让学生根据活动需求进行学生分组,并制定小组计划,这个计划中要有组长、组员、时间、地点、活动内容、活动过程外,要有记录员、收集素材的资料员、整理素材的整理员等。学生在准备这些内容的时候,需要全组共同讨论合作完成。小组合作要传递小组成员之间的有效信息,小组成员要相互信任,小组成员的能力和水平要具有互补性,对于能够提取大量的信息的同学教师要指出他发展的方向,对于提取信息少的同学教师要引导他们,如何在资源共享的基础上发现新资源。在合作学习过程中,学生个体学习的成功与他人学习的成功是密不可分的,小组成员之间要保持融洽的关系和相互协作的态度,共享信息和资源。另外,教师要指导小组组长能够解决、整合组内不同意见,使每一个组员都能在愉快、轻松、民主、信任的氛围中学习、探究。综合性学习活动中学生的分工、交流、整合资料的过程就是合作的过程,这个过程也是学生学会交流和分享学习成果的过程,更是团队精神形成的过程。

在综合性学习过程中,教师的指导作用非常重要。教师不仅要关注学生学习的过程,还要关注学习结果。教师要协助小组对个人成果进行加工,对活动成果进行最后评估。在合作学习中,教师不仅要引导学生明确任务,做好分工,还要全盘协调做好评估。

3. 在综合性学习中培养学生的社会责任感和爱国情操

进行综合性学习教学设计,教师要本着充分尊重学生的兴趣、爱好,倡导学生自主选择学习主题的基础上,来培养学生的语文综合能力。教师要依据语文课程标准、教学内容、学生的认知特点和学生的接受能力,制定准确的学习目标,帮助学生明确学习方向。学生有了明确的学习目标,可自行选择学习内容、学习方法,学习时间可自行规划。教师在准备教学方案时可以结合人文教育等进行设计,如统编教科书三年级上册的课文中就有育人因素,课文中有"不懂就要问"的少年孙中山;还有不惧权威"手术台就是阵地"中尽职尽责,坚守阵地的白求恩;有《掌声》中那样友善,对英子充满关爱的同学们;有《灰雀》里像列宁一样,以尊重别人的方式去呵护别人的小男孩;有《一块奶酪》中的能够自律,能够带领自己的团队以身作则的蚂蚁队;有《去年的树》里忠诚友谊,信守承诺的鸟儿。结合统编教科书三年级的课文编排的理念,教师可以结合综合性学习引导学生成为一个"大"写的人,那么,构成这个人的过程,它其实就蕴含在学生学习的每一篇课文里。通过学习,让学生感受美好,学生的精神世界是有情趣的、有温度的。这样的学习指导,引领学生向往美好品质及对生活充满热爱、对身边的人充满友善。

语文综合性学习倡导的是学生在自主、合作学习中获得知识,追求学生个性的培养与发展,培养学生健全的人格。因为学生个性化学习会促进学生自主性学习形成。综合性学习可以实现学生自主学习能力的提高,为学生搭建实践与知识建构的桥梁。如中华传统文化做综合性学习内容来说,学生在课内学习了很多革命先烈及爱国志士的文章,对岳飞"精忠报国"的爱国气节、文天祥"人生自古谁无死,留取丹心照汗青"的壮烈情怀并不陌生,中华儿女血液中的爱国豪情,是传统文化里永远焕发光辉的部分。所以,教师在指导综合性学习时,要善于挖掘和利用中华优秀传统文化中的爱国主义资源,通过阅读经典故事、课文典型案例分析、课堂讨论、观看资料视频、习作展示等灵活多样的教学方法,把优秀的传统文化精神渗透在学生学习中,爱国主义情怀和社会责任感是在自主性学习过程中潜移默化熏陶和感染的,以此来增强学生的身份意识,培养他们的民族认同感。教师指导下的学生自主学习课堂,重要的是要唤起学生自主学习的意识,在完成必要的知识学习和技能培养目标的同时,形成学生的自主学习能力,这也改变了传统的课堂教学教师只完成教课文的目标,也彻底改变由教课文向教语文的转变,更是教会学生做人的过程。

综合性学习能较好实现学生对课堂生活的体验与感悟。从内容上来说,它不仅凸显丰富的生活实际,更体现了道德文化和审美文化,对理性生活的认知,可使学生获得理智意识的激发,向往一种"求真"的生活;对道德生活的体验,可使学生获得道德意识的生成,向往一种"求善"的生活;对审美生活的感悟,可使学生获得美感愉悦,向往一种"求美"的生活。从形式上来说,它不仅体现个体的认知,更体现团队的力量。教师要充分利用丰富的资源,引导学生搜集、整理素材,让学生在广阔的天地中去感受中国这个拥有 13 亿人口的文明古国是一

个和谐的大家庭;中国的航天事业等迅速腾飞,诸多的发展让中国在历史上刻下了辉煌的一页,教师要积极引导学生在自主性学习中,培养他们的爱国主义情怀和社会责任感。

综合性学习的课堂更多地体现了学生自主性学习,体现的是学生为主体的主动学习过程。从学习内容和学习方法的确定,再到学习过程的组织、反思、评价,都是以学生为主体因素来展开的。新课程改革后的课堂教学体现了教师根据学生的认知规律、接受能力和对知识点的掌握程度,设定相应的学习目标、学习策略、学习内容,让学生在课堂教学活动中能够具备进行自主性学习并掌握学习目标的一种能力。这种能力的培养在强调师生交互作用的前提下,既突出学生学习的主体地位,又体现教师以学生的实际需要及能力水平为出发点来组织教学的指导作用,从而实现课堂教学中师生教学相长的理想目标。

综合性学习中教师的组织、指导、激励作用能有效地帮助学生开展综合学习,并能自主达成学习目标。具体来说,教师指导下的综合性学习的教学活动所强调的是一种综合学习与运用:整个教学是以给予学生充分的自主学习时间为前提,以教师的精心组织、恰切指导和激励评价为手段,以学生的自主选择、自主控制、自主反思、自主评价和自主建构为进程,以培养学生的自主、合作、探究学习能力为目标,以促进学生的自主发展并能与小组成员一起掌握教学内容为基本而开展的教学活动。

最后,综合性学习中教师的指导作用,是实现教师专业化发展提升的有利因素。课堂教学中,教师依据自身的优势,根据课标、教学内容和学生已有的知识基础及年段发展特点,站在学科知识体系及现有教学资源的角度,给学生确立适切的学习目标,帮助学生明确学习方向;教师结合教学内容和学生的个性特点、认知基础、接受能力,创设学习情境,激发学生的学习兴趣,唤醒学生学习的原动力。教师在学生自主性学习过程中,指导学生总结学习方法、揭示学习规律,让学生学会学习。教师可因材施教、分类指导、分组推进,提高学生的语文综合素质。教师可开展活动激发学生潜能,培养学生创新思维和语言实践及整合信息的能力,突破课堂预设,因学而导,因需而行,强化学生学习过程中的学习意识。

4. 在综合性学习中培养学生的搜集信息和处理信息的能力

《义务教育语文课程标准(2011 年版)》在总目标中明确地提出"要培养学生搜集信息和处理信息的能力"。课程标准把培养学生的搜集和处理信息的能力列入课程总目标,把初步了解查找资料、运用资料的教学要求作为综合性学习的重要内容,从某种意义上说,这是一次教学理念和学习方式的变革。《义务教育语文课程标准(2011 年版)》从时代要求和学生发展的需要出发,重视学生搜集、处理信息能力的培养,要求在综合性学习中查找资料,搜集信息,运用资料,解决问题。其实在语文学习中查找资料、运用资料是贯穿整个语文学习活动的全过程,渗透到语文学习的方方面面。

综合性学习不仅可以培养学生的独立学习能力,而且可以培养学生搜集信息和处理信息的能力。苏霍姆林斯基说过:"教师应当努力使学生自己去发现兴趣的源泉,让他们在这个发现过程中体验到自己的劳动和成就,这件事本身就是兴趣的重要的源泉之一。"叶圣陶先生曾经说过:"兴趣是最好的老师",兴趣是学生学习过程中最具活力的积极因素。在设计综合性学习教学方案时,教师可以以主题和活动内容来激发学生的学习兴趣,引导学生主动去搜集资料。如《汉字王国》的学习,教师可以引导学生通过网络、书籍、报刊等途径,制作简报,也可以学生与家长一起在电脑上制作汉字动画故事和图片,还可以让学生借助和"大人一起读"这个栏目进行关于汉字故事的阅读。课下因为学生有了诸多的储备,学生的学习兴趣被激活,教师就可以顺势引导:"同学们,你们出去游玩和每天上学路上的广告牌有很多汉字,大家都来做小调查员进行一次汉字大调查吧!"有针对性的问题设置会把学生的兴趣有效调动起来,学生因兴趣去探究、去发现,这是学生搜集和处理信息的前提。因此,学生的学习就会产生无比神奇的力量,学生相互讨论资料和汇报资料的过程也正是学生思维和语言生成的过程。

综合性学习中学生搜集信息和运用信息的过程,能较好地培养学生创造性归纳、分类、摘记的能力。生活既学习,学生的学习除了语文课本知识的学习,还有生活实际中的学习。所以,我们要充分利用学校、家庭、社会等作为教学资源,拓展学生的学习空间。《义务教育语文课程标准(2011 年版)》在"综合性学习版块"强调:"为解决与学习和生活相关的问题,利用图书馆、网络等信息渠道获取资料,尝试写简单的研究报告;初步了解查找资料、运用资料的基本方法。"这段话告诉我们,教师要充分利用现实生活中的语文教育资源,优化语文学习环境,努力构建课内外联系、学科间融合的语文教育体系,引导学生学会捕捉生活中信息,开展丰富多彩的语文实践活动。

《基础教育课程改革纲要(试行)》指出:"倡导学生主动参与、乐于探究、勤于动手,培养学生搜集和处理信息的能力、获取新知识的能力、分析和解决问题的能力以及交流与合作的能力。"语文的综合性学习是重在学科内外的联系,教师要充分利用阅读、互联网这个平台,拓宽学生的视野,引导学生进行多元交流,延展学生的学习空间,在"互联网 +"这个平台中学生能够获得更多的资源

和信息,他们可以运用合作、探究等学习方式将多学科知识融为一体,进行信息的搜集和整理。学生在搜集信息的过程中不仅可以感受大自然的奇妙、祖国文化的悠久,还能增强爱国责任感和自豪感。学生搜集资料时储备的知识,拓宽了他们学习视域,搜集和整理资料的过程更是学生体验创新、合作学习的过程。

综合性学习重在学习过程,教师要注重激发学生的创造潜能,在语文实践中培养学生的观察感受能力、综合表达能力、人际交往能力、搜集信息能力、组织策划能力、互助合作和团队精神。在综合性学习中教师要把教学内容和课外知识有机结合,以此来拓宽课堂教学的维度。教学时,教师要注意培养学生对有效信息归纳和分类的意识,引导学生对掌握的知识进行整合运用,让学生体验到综合学习的乐趣,使他们在广阔的空间里学语文、用语文。

小学阶段教科书中基于主题的综合性学习内容较多。教师可以让学生搜集了解现代科学技术的发展、动植物生长规律、古今中外灿烂的文化历史,尤其了解当代飞速发展的经济、科技和日益繁荣的文化,让学生感受我国的进步和发展,激发学生的爱国热情和探索宇宙奥秘的决心,引导他们关注社会,关注人生。再拿《汉字王国》这课来说,课前教师可以让学生在网上查找并下载有关汉字的资料,粗知大意并能简单整理资料概括大意。课上,教师可以根据学习要求,阅读课文并结合课文自主学习,引导学生交流资料,初读汉字的文章,教师要鼓励学生敢于质疑,引导学生浏览关于汉字发源的网页,让学生自己学会收集资料、讨论合作、制作网页、交流欣赏等,一系列的准备学生的视野会变得开阔,与主题相符内容的准备也会随之变得丰富。

再如,对中国传统节日的学习:教师可以让学生结合学过的"节日"类的课文进行整理,再用互联网进行资料补充,有的学生汇报:"著名的爱国诗人屈原在绝望和悲愤之际,于五月初五在汨罗江抱石自沉,用生命书谱写了一首爱国主义的壮歌。人们在端午节这一天赛龙舟、吃粽子,表达对这位民族英雄的祭奠。"有的学生汇报自己的资料:"清明节又称寒食节,相传是为了纪念赤诚无私的爱国忠臣介子推而设立的。清明节,很多人会扫墓祭祖、哀悼先辈,表达对祖先的哀思和怀念,这些传统文化体现了中华儿女爱国、爱乡的浓郁情怀。"还有的学生汇报:"中华民族重要的传统佳节——春节,十几亿海内外中华儿女欢歌笑语、热烈庆祝,这一传统节日凝聚着中华民族的团结精神。"对于中秋节、元宵节有的学生是这样理解的:"这是两个代表团圆的传统节日,人们赏月、吃汤圆,表达对家乡的思念、对祖国的祝愿,也蕴含着家庭团聚、民族团结、国家统一的内涵。"教师基于学生的分享可以引导学生开展"我们的节日"的实践活动。让学生在联系生活实际,在重要的节假日与家人一起进行活动,可以记录在这一天做了哪些有益的事情,还可以调查小伙伴在重要的节假日都做了什么,这样与生活相融合的综合性学习设计,不仅引导学生在生活中捕捉信息,培养他们提取信息、整合信息的能力,而且有效达成语文学习目标,提高对自然、社会现象与问题的认识,追求积极、健康、和谐的生活方式,也增强学生与自然、社会和他人互动中的应对能力。

日常教学中教师还可以帮助学生创设体验感悟的实践过程。可以深挖爱国主义教育因素,强化中华民族的历史传统、文化积淀和民族精神的教育,也可以依托中华优秀传统文化的熏陶增进学生对民族文化的认同,加强大学生爱国主义教育的方法路径,增强中华民族凝聚力。如清明节可以带领学生走进烈士纪念馆,进以祭扫、敬献花圈等寄托哀思,听工作人员讲烈士英雄事迹,重温先辈奋斗历程,学习革命奉献精神。对于中秋节、春节这样重要的民俗节日,教师可以引导学生回忆过中秋、过春节时与家人、朋友过节的场面,电视中春节联欢晚会中国在海外的游子们盼望回家、祝福祖国的场面和语句,引导学生在团结、团圆的氛围中产生爱国、爱家情怀,增强对祖国的认同感,树立民族自信。学生在生活中对节日的感知及互联网平台的资料补充,还有小组的整理和汇报,小组内的讨论,小组间的分享和启发,这些过程培养了学生搜集信息,整理信息的能力。

另外,学生在具体的学习活动中表现出来的独立学习能力也是需要重点培养的。学生通过一系列的学习可以自己去达成学习目标,如拟定学习计划,修改学习进程;学生在学习过程中能够克服学习困难,能主动地完成学习任务,而不是被动地依靠教师的安排;能够有选择性地接受教师的指导和恰当地汲取别人的益处;能够充分发挥自己的学习能动性,能够在实践中形成自己独特的个性、学习风格、学习模式等。学生的这些独立行为,不但是学生自主性的具体体现,而且也是教师指导下的学生综合性学习所不可或缺的条件。

最后,在设置综合性学习时,教师可以灵活运用资料组织活动,来激发学生整合的兴趣。当学生在搜集整理资料遇到困难时,教师要及时给予指点和帮助,使他们能顺利地完成任务。这样不仅可以让学生学会了搜集整理信息的方法,而且培养了学生的综合性运用能力。在综合性学习的过程中师生始终应该处于平等的地位进行交流、讨论。师生互相质疑解答,把资料运用得恰到好处,才能实现查找运用资料的目的,在这样的学习过程中学生才能成为真正的学习主体。

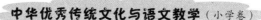

第三章　资源与课程

一、中华优秀传统文化课程资源

中华优秀传统文化既包括了广大劳动人民的创造与历代圣哲贤人的研究探索的成果，也吸收了其他民族文化的精华，它涵盖了人类生活的方方面面，深刻地影响着中国的政治、经济、文化、军事等社会生活的各个层面。而几千年积淀下来的优秀传统文化更是包含着丰富的课程资源，它浓缩了"人文科学"和"自然科学"等多方面知识，是中华文化的瑰宝。其内涵极其丰富，包罗了思想观念、思维方式、价值取向、道德情操、生活方式、礼仪制度、风俗习惯、宗教信仰、文学艺术、教育科学等诸多层面的内容，这些内容是我们取之不尽、用之不竭的宝贵资源。

（一）汉字文化

【书法的界定】

书法，是世界上少数几种文字所特有的艺术形式，包括汉字书法、蒙古文书法、阿拉伯文书法等。其中"中国书法"，是中国汉字特有的一种传统艺术。从广义讲，书法是指语言符号的书写法则。换言之，书法是指按照文字特点及其含义，以其书体笔法、结构和章法写字，使之成为富有美感的艺术作品。汉字书法为汉族独创的表现艺术，被誉为：无言的诗，无行的舞，无图的画，无声的乐。

【书法用具】

1. 毛笔

毛笔的特点为尖、齐、圆、健。尖，是指笔锋尖。只有笔锋尖，才可以写细的笔画，又可以重按笔锋平卧于纸，写出粗的笔画。齐，指笔锋铺开时笔毛是齐平的，可使点画圆融。圆，毛笔的毛排列成圆锥形，毛笔又称"毛锥"。健，主要是指笔锋的弹性，表现节奏，表现张力。

2. 墨

我国使用墨的历史很长，石器时代彩陶上多有墨色纹样，殷商时甲骨文及秦汉竹简中都有"墨"的写画,当然,它不同于后世的墨,可能是一种天然的碳素颜料。后来,墨的质量就大大提高了。

3.纸

纸普遍使用在魏晋之后。书法用纸分两种,一种临帖练习用的纸,一种作品用的宣纸。练习用纸一般以有吸水性、略松软为宜。书写作品的纸,以宣纸为宜。

4.砚

砚台不仅具有实用价值,还有很大的玩赏价值,古代文人雅士竞相藏砚,成为一种风尚,好的砚不仅形制大雅,其砚质细腻润泽,所以磨的墨质细,发墨快,不伤笔,而且墨水在砚上不易蒸发,有润性。砚台的选择,一般以有稍大的墨池为宜,能发墨,蓄墨量多。砚台用后最好洗干净,加盖,以防尘染。

除了笔墨纸砚外,写书法的辅助工具还有垫毡、镇纸、水盂、印泥和印章等。

【书写技法】

1.执笔运腕

大拇指、食指、中指捏笔,无名指以指背抵住笔杆,小拇指抵无名指不贴笔杆,五指捏管的距离不可上下分得太开。指尖捏笔,指尖部分比较敏感,宜表达运笔的细腻变化。执笔松紧适度,太松易飘滑无力,太紧则运笔乏灵动之感,执笔的高低,一般以笔杆的偏下一点为宜。

2.书写姿势

坐着写要求头部微弯,肩平,含胸,但背不应太驼,胸口也不要紧贴桌子,双脚平放,左手肘和手放在桌上,右手执笔,悬腕时手低于肩,手腕一般不要高于其肘。站着书写只可用悬腕。除了注意肩臂的配合外,脚分开,可以稍有前后。

【楷书笔法】

永字八法,始于汉朝,并非晋朝。

永字八法,并不是由王羲之的《兰亭序》中第一个字"永"字而来的,也不是对王羲之的盲目崇拜,当然永字八法也不是晋朝时候的事了。"八法起于隶字之始,后汉崔子玉历,钟、王以下传授所用八法概以万字。"(唐·张怀瓘)

（1）点为侧（如鸟之幡然侧下）；

（2）横为勒（如勒马之用缰）；

（3）竖为弩（用力也）；

（4）撇为掠（如用篦之掠发）；

（5）短撇为啄（如鸟之啄物）；

（6）捺为磔（磔音窄，裂牲为磔，笔锋开张也）；

（7）提为策（如策马之用鞭）；

（8）钩为趯（跳貌，与跃同）。

1.点

点为侧（如鸟之幡然侧下）。

点画有斜点、圆点、竖点、垂点、挑点和各
种组合点（一笔点、两笔点、三笔点、四笔点）。
笔头自然的落下，在纸面上形成一个锥面状的

墨迹，书法的"点"是在这个基础上的完善。书写时要充分表现各种点法的笔
势。斜点如高峰坠石；圆点凝重圆满；竖点多弯头取势，别具姿态；垂点有如水
滴，活泼灵动；挑点气势连贯，极富行书意趣。一笔点注意其势，若"高峰之坠
石"，两笔点注意呼应，三笔点注意曲折，四笔点一般左右边点大于中间两点。

右军云："每作一点，皆悬管掉之，令其锋开，自然劲健矣。"

——虞世南《笔髓论》

点要写得圆满稳健，落笔要轻，顿时转锋要充分，收笔要紧。如"心"字左边
一点为垂点，像水滴一样，右上两点为一组，笔势相互呼应。

2.横

横为勒（如勒马之用缰）。

横画分为长短两种。长横，逆锋起笔，行
笔要有迟涩感，紧收，中断上鼓，形成弧状，富
有弹性；短横，切笔入纸，铺毫运行，一样要迟
涩舒缓，收笔要轻，线条凝练。

为画必勒，贵涩而迟，勒不得卧其笔，须笔锋先行。——李世民《笔法论》

横画要坚挺浑厚，生动有姿。落笔要注
意方圆，中锋行笔。收笔丰满有力。横画在
多横组合中有俯仰等变化。如"無（无）"字
三横，各得其势，同时起笔还有轻重的变化。

当一个字中出现多个横画时，要观察每个横画的长短、轻重、方向与曲直。

其中长横多有弧度,中段轻提,富弹性,起到平衡字的主要作用;短横较之长横弧度偏小,书写较匀称,倾斜角度与长横也有所不同。

凡平画忌如算子,终篇展玩,不见横画,始是书法。——陈绎曾《翰林要诀》

长短横同时存在时要考虑长横与短横之间的位置关系,还要考虑横画之间的俯仰关系,多注意每一个横画起笔的角度有何不同。

如"清"字上部分三横与下部分两横,其俯仰关系及起笔的角度都有所不同。

3.竖

竖为努(用力也)。

竖画按收笔方式的不同,主要可分悬针竖与垂露竖。竖画亦分长短与曲直。悬针竖:中锋直下,至尾部轻提出锋,形若悬针;垂露竖:

中锋直下,至尾部略顿回锋收笔,呈水滴下垂之形;长竖:长竖多取曲势,曲则笔意内敛,行笔提按分明,运力至末端而不可怯弱浮滑;短竖:短竖有粗有细,皆须中锋力行,笔力内含,略呈曲势。

竖如万岁之枯藤,努弯环而势曲。　　　　　　——颜真卿《八法颂》

竖要写的劲健挺拔。如"举"字最后一笔为悬针竖,行笔提按分明,中锋直下,中断略提,至尾部轻提出锋,锐利而不轻飘,呈现很强的力度感。

当一个字中出现两个以上的竖画时,要注意观察各竖画间的位置关系,考虑其形态的微妙变化。短竖,行笔肯定,短促有力,多竖排列时较均匀,有些竖画做弯头取势,姿态婉转;长竖,行笔时迟涩舒缓,中部略提,用笔呈曲势,极具柔韧性。

为竖必努,贵战而雄,努不宜直,直则力败。　　　　　　——李世民《笔法论》

写竖画时不仅要注意其用笔,还要考虑竖画组合形成的结构关系,避免多竖重复而导致的呆板。如"世"字,中间两书收笔向其中间聚拢,起笔向左倾斜,使两竖间形成很大夹角,所形成的空间与左一竖笔和左二竖笔形成的空间产生疏密对比,姿态特别优美。

4. 撇

撇为掠（如用篦之掠发）；短撇为啄（如鸟之啄物）。

撇画右上逆笔向左下出锋，收笔露锋，不可太尖，笔送到底，笔形带曲势而挺拔，"如利剑截断犀角象牙"。撇画分长撇与短撇。长撇，起笔不宜过重，行笔稍按，力送撇尾；短撇，重顿起笔，棱角分明，短促有力。

此乃斜悬针而末锋飞起也，宜出锋处送笔力到而匀，不可半途撇出则无力而瘦弱。

——《书法三昧》

撇要在飘忽之中保持稳定，行笔渐行渐提，收笔力送到底。如"今"字，起笔逆锋入笔，渐渐将笔提起，力送至笔尖，呈曲势，富有韧性。

5. 捺

捺为磔（磔音窄，裂牲为磔，笔锋开张也）。

捺画古意十足，尽显汉隶遗韵，由轻至重，一波三折，具有流动美。捺脚一定要饱满厚重，收笔方向明确。写捺时一定要考虑与撇画的呼应与均衡。

捺为磔者，勒笔右行，铺平笔锋，尽力开散而急发也。——包世臣《艺舟双楫》

捺画落笔要束得紧，捺脚宜拓得开，畅快出锋，力送到底。如"蠢"字入笔渐渐锋开，行笔顺畅自然，捺脚处稍驻锋，顺势送出，形成一波三折之态。

6. 提

提为策（如策马之用鞭）。

提画是挑点的延长，要控制力度，不可

软。写提画时要将毛笔迅速向下折锋，压住笔毫，利用毛笔的弹性及手腕的力量，极力向相反的方向送出，做到力至笔端，不可轻飘。

策始作者，用仰锋上揭，而贵乎迟留。

——李溥光《雪庵八法》

提画要有仰势，落笔下按，其势当足，挑笔出锋轻快，力送至笔端。如"比"字，提画落笔干脆利索，向右上极力送之，所呈笔画锐利

而不失厚重。

7. 钩

钩为趯（跳貌，与跃同）。

钩画，此碑钩法具六朝法度，形状多变，质朴饱满，要避免轻佻。钩画有竖钩、横钩、戈钩、背抛钩等。钩画虽然总是与横竖画结 合在一起，但钩的用笔必须理解为另起一画，如竖钩写到竖画收笔处略顿，而转锋（调整笔锋）顺势出钩，钩画要防止草率出钩，或顿挫太过。

钩为趯者，如人之趯脚，其力初不在脚，猝然引起，而全力遂注脚尖，故钩末断不可作飘势挫锋，有失趯之义也。　　　——包世臣《艺舟双楫》

钩画要质朴饱满，锋要尖锐，弯处要圆润。如"驰"字的竖弯钩，转弯时要注意提按的转换，写到钩时略顿，垂直向上出锋，所呈笔画婉转流畅，钩画质朴饱满。

8. 转折

转折指横画与竖画连接而须一次完成。如"口"字，右上角为转折。方笔为折，圆笔为转。篆书用转，隶书多折，而汉碑中往往 将这种转折改变成单独的两种笔画写。魏碑转折近篆隶，唐碑一般是转中寓折，折中带转。转折处提按顿挫要干净利索，防止"耸肩"与"脱肩"。《书谱》称："真以点画为形质，使转为性情。"可见转折对楷书的重要作用。

八法转换要笔笔分得清，要笔笔合得浑，所以能清能浑者，全在能留得住笔。其留笔只在转换处见之，转换者，用笔一正一反也。　——倪苏门《书法论》

转折处提笔按锋，自然调整笔锋。如"田"字，折处提笔，将锋按下，翻动手腕使笔锋抵牢，待锋正直顺势而下，所呈之态刚劲有力、韧性十足。

【楷书结构】

在临习字帖时，不仅要考虑单字结构中的空间匀称，还要注意根据原帖中字距与行距的安排去书写。使作品的气息更加通畅连贯，风格特点更加明显。

此碑是褚遂良五十八岁时书，最能代表其独特风格。意间行草，疏瘦劲炼，雍容婉畅，仪态万方，足具丰神。其

褚遂良《雁塔圣教序》局部

字距行距的安排与传统隶书比较接近：字距相对于一般楷书的字距大，行距相对于一般楷书的行距小，促成其字形风格呈扁方。

颜真卿的楷书一反初唐书风，行以篆籀之笔，化瘦硬为丰腴雄浑，结体宽博而气势恢宏，骨力遒劲而气概凛然，这种风格也体现了大唐帝国繁盛的风度，并与他高尚的人格契合，是书法美与人格美完美结合的典例。他的书体被称为"颜体"，与柳公权并称"颜柳"，有"颜筋柳骨"之誉。

《颜氏家庙碑》局部

1. 独体字（单独结构）

独体字指点画的组合不可分割，独立成字。汉字中大部分的部首属单独结构。这类字的特点是笔画较简单紧凑，要求重心稳，但要有疏密、倚侧的变化，主笔往往起重要作用。

"九"左疏右密，撇画略曲与右抛钩形成向左右的反作用力，横画通连就浑然一气。"之"四笔四种笔画，上三点短而紧密，捺画为主笔，放笔展开，以尽其势。"月"字偏长，撇画曲而长舒，竖钩挺直，以稳重心。"四"字偏扁，四角中左上角不封死，以透其气，框中布白均

平。"心"斜钩为主笔，三点错落有致，形散而神凝。"正"全是横竖笔画，结体易平板。此字上横写得短而与竖不连，中间横改为横点，使结体生动。

笔画较少的独体字要注意每一笔都要斟酌其位置的放置，使空间大小有致，结构收放有度，不偏不倚。如"文"字，横画与撇画势向左倾，右一捺画尽情向右伸展，使其势保持平稳。

2. 偏旁部首

（1）单人旁与双人旁

单人旁，由撇画和竖画组成，撇画取斜势，行笔需果断，竖画不宜太直或向右倾斜，注意走势与顿挫。

双人旁，上一撇略短而势稍平，下一撇略长而势斜，两撇忌写一样长短，且不可平行，

竖画上轻下重,势宜微曲。

　　"微"字双人呈放射状,双人宜写长,竖在字中一般占位置较少,"御"字双人旁写法取隶书之势。

　　(2)两点水、三点水与四点底

　　两点水,上点由左上方向右下方落笔,并连带挑点,可出锋也可不出锋,挑点一般需对右边第一起笔处,两点之间应有顾盼之意。

　　三点水,由两个左上点和一个挑点组成,两个左上点不宜写在一条直线上,方向上也要有不同,三点位错落有致。

　　四点底,四点之间的距离大致相等,但方向不同,一般第一点向左,第四点向右,中间两点相对随意,讲究气势连贯。

　　(3)口字旁、日字旁与月字旁

　　放在左边或右边的口部略带斜势,三笔的位置交叉错落。作底时,宜写的略宽扁,口部左竖伸出"口"框外,最后一横略长也须伸出"口"框外。

　　日子旁放在左面时,下面横一般写成提笔,右竖比左竖略长,一般写的相对狭长,日字作底时,在字的中轴线上,但有时在中轴线偏右侧,但视觉上是平衡的,如"者"。

　　月字旁居左亦作狭长之势,且结构上中间收紧,竖撇与横折折钩有微妙的长短差异,居右则形宽,与左部呈对称之势。

　　(4)草字头、雨字头与广字头

　　草字头,左点略小,右边略大,左低右高,切忌平衡。如下部有伸展的横画、撇捺、钩笔等,则宜取纵势,写得狭长一些。

　　雨字头,中间短竖略偏左,横钩左短右长,有左抑右扬之势,形略宽扁,与下部协调,中间四点位置基本匀称,写法灵活活泼。

广字头，首点须有力，横短，竖撇长，且撇与横的起笔不粘连，根据不同情况，竖撇可写成带弧度，如"塵（尘）"字。

（5）言字旁、绞丝旁与木字旁

言字旁，写法上点取斜势，肯定有力，如高峰坠石，第一横较长，左伸右缩以让右。二三短横起笔要有变化，斜度有细微的差异。

绞丝旁，绞丝旁写的狭长，下面三点须紧凑，并写成左低右高。

木字旁，短横起笔较重，收笔略细，撇画须有力，右点位置宜高，补在笔画空处。"林"字撇画上轻下垂，右旁撇画插入左旁空处。

（6）门字框、围字框与提手旁

门字框，左右二竖笔成相背之势，左半边短，右半边长，各笔互异，无一雷同。

围字框，相对左低右高，竖钩宜略向外挺，与左弧竖相对，方框的长短、宽窄须与里面笔画分布情况而定，忌方框满格书写。

提手旁，短横收笔略向上翻，竖钩劲挺，提笔出锋，与右边第一起笔处互为呼应，短横要写在竖钩中间偏上位置。

（7）心字底、竖心旁与王字旁

心字底作底呈扁势，左点略低，相对较重，右边两点略高，卧勾仰卧，须平稳，出锋时呼应两点。

竖心旁，左点低较长，右点短且高于左点，左右顾盼，笔势连贯，中间的竖略带弧度。

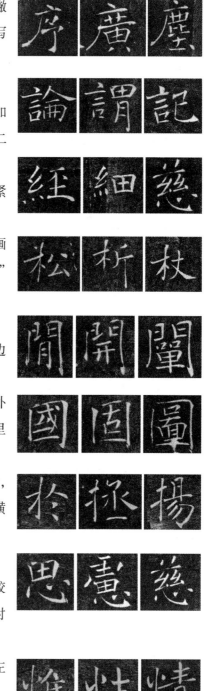

王字旁,首横略长,次横短,提笔最长,宜高不宜低,宜窄不宜宽,作底时横宜长,三横之间有长短方向,并注意粗细变化。

(8)走之底、走字底与反文旁

走之底,首点遥遥在上,横折折撇向右倾斜。走之底在上面的组合应略偏向右,并留有足够空间,使整个字气势生动,其右部不能超过捺脚。

走字底,上部长横画的左侧宜略伸,右略缩,以让右部的笔画进行穿插,平捺长,取平势,以承托上部的笔画。

反文旁,上一撇画短,下一撇画长,取曲势,横画略向右上斜,捺画起笔轻,向右下渐按。

(9)示字旁、火字旁与宝盖头

示字旁,点画像右曲势,撇笔出锋不可长而尖,竖画轻起顿收,左点取收势,右点补在笔画空处,点画有时也可作右尖横。

火字旁,左点低,右上点略高,左点取直势,右上点取斜势,两点相互呼应,撇画上段略直,字形宜狭长,不宜宽,以让右部。

宝盖头(穴字头),上点一般位于字的重心线上,横构左低右高,钩须锐而有力,宝盖头要能覆盖住下面的笔画,并留有一定空白,否则会显得拥挤、不透气。

3.间架结构

(1)方圆结合

在书写中并非一味用方,也非一味用圆,一个笔画和一个字中,可以通过方圆笔画的不同表现来塑造各个字的不同视觉形态。

（2）字头撇捺伸展

凡字头有对接的撇捺出现时应左右伸展，其下笔画或下组合则须相对收束，不超过撇捺的宽度，如"金""含"下部笔画须缩短。

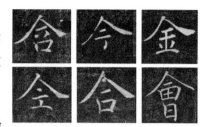

（3）钩撇伸展

凡字中有横竖弯钩与撇同时出现时，钩、撇要伸展，其余笔画和组合相对收束，如"凤""凡"二字，"光""先"上部收缩，斜钩伸展。

（4）斜钩伸展

凡字中有斜钩出现时，斜钩应写得较为伸展，其余笔画的中心略向左偏，如"惑""载"等字。

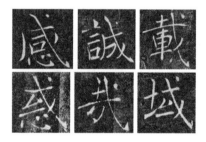

（5）框的大小

大框勿大指全包、半包围等结构的字，写时要比常规大的字反而要小一点，注意框内部分的多少。小框勿小指整体字或上下结构的合体字，且字中并无伸展的撇捺和钩时，小框笔画要适当伸展。

（6）宽窄有别

字形宽的部分不能写瘦，字形长的不能写扁。

【章法介绍】

一幅完整的书法作品包括正文、款书、印章三个部分。三者必须有机地结合，互相生发，相得益彰，构成整体美。（此处所说的书法作品是以审美为目的，以艺术品面目出现的作品）。

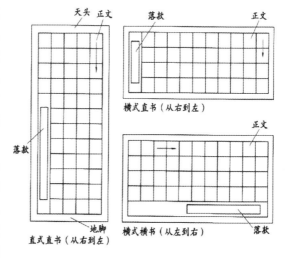

正文为主要书写内容，是书法作品的主体部分，一件作品应以正文为主体进行安排。一般来说，正文的字大于款书，居于主要地位，所占幅面也大。书写顺序从上到下，从右到左。按传统的书写习惯，首行不空格，顶行书写。标点符号应省略。

正文文字的排列方式有以下几种形式：有行有列、有行无列、无行无列。有行有列：这种方式中恒有序，行列整齐，适合写规整的篆书、隶书、楷书，具有端庄整齐的效果。有列无行：这种方式纵向成行，横向则不成行。这种排列，既有行路的条理性，又有一定的自由度，以便于处理字形的大小轻重对比，具有左右错落呼应的效果，比较适合写流走奔放，错落有致的行草书。

蔡襄《暑热帖》

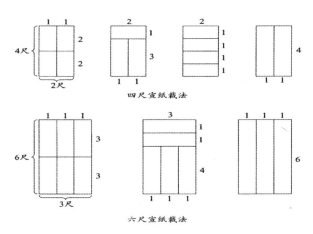

四尺宣纸裁法

六尺宣纸裁法

宣纸的裁切法

四尺宣纸(4尺×2尺,约68cm×140cm)、六尺宣纸(6尺×3尺,约97cm×180cm)裁切方法。

1. 正楷章法

章法是单字结构之间的空间关系在一幅作品中的整体表现。同字结构一样,它有一定的规定性:竖排,从上至下,从右至左。同时,又有着足够的、可供自由发挥的空间:行轴线是垂直或倾斜、有规律的倾斜还是无规律的倾斜、倾斜的角度如何,单字轴线是端正还是欹侧,字间空间、行间空间是疏或者密,是否有规律可循,等等。每一种不同的章法处理都会给作品带来完全不同的空间感受和审美体验。

《欧阳询九成宫》局部

一幅完整的作品无论采用何种形式,何种字体,它包括正文、落款、印章三个部分。其中正文是作品的主体,如何将其安排得当,是作品呈现好坏的一般标准。

楷书字形轮廓基本是规整的方形。楷书作品的章法布置相对比较简单,有一定规律性。基本上是字距与行距能保持均匀,纵横排列,呈现出整齐的行列。没有字过分偏于一侧,每字基本位于同一中轴线上,加上竖画之间的遥相呼应和贯通,很容易形成行气。写好正文之后,还要落款。款是对作品进行说明的文字。落款内容的字形、大小也要与正文搭配适宜。落款之后,还要钤印。印章在作品中起到醒目的作用,令作品更加丰富完整。

《封龙山碑》全称《元氏封龙山之颂》。又称《封龙山颂》,此碑原在元氏县王村山下,不大为人所知,仅宋郑樵《通志》提到过它。清道光二十七年(1847)年刘宝楠为元氏县知县。刘是著名经学大师、《论语正义》的作者。他在山下

60

访得此碑,大加叹服,命人移至城内薛文清祠。现在已经下落不明了。幸好有拓本传世。北京图书馆藏拓本卷轴长 1.60 米,宽 0.93 米,拓本长 1.58 米,宽 0.86 米。碑立于汉桓帝延熹七年(164),无额无穿,连题共十六行,行二十六字。碑刻全部为隶书,石虽剥落,文多可读,笔画较细,遒劲豪放,类似《乙瑛碑》,堪称汉碑之上品。杨守敬《评碑记》说:"汉隶气魄之大,无逾于此。"是研究汉代书法和历史以及封龙山祀典的宝贵资料,也是学习隶书的极好范本。

此碑出土较晚,然气魄之雄伟,汉隶中无出其右者。其书法方正古健,点划之中有篆籀之意,粗犷俊朗,有独特的阳刚之美。与《石门颂》《西狭颂》和《杨淮表纪》等同属一路。

《封龙山碑》

2. 题款与钤印

在书法作品中,除了正文内容外,还写有书写者的姓名、日期等,这些统称为落款。它是正文的补充内容,也是一幅作品不可缺少的部分。

楷书作品的落款可用楷书或行书体,不宜采用篆书或隶书体,以求风格形式的统一。落款字应比正文小一点儿。

款书字不可大于正文,以免喧宾夺主。应比正文小些,但又不宜悬殊太大,要大小轻重适宜。对联的落款特别是两边有长款者,其字相对要小而紧凑,具体而言,款书与正文的大小之比并无一定尺度,完全以协调为准则。

小楷书、小行书的题款字大小等同于正文,也有些大字幅的款书与正文同大。

书法作品钤印有两个作用:一是在白底黑字的作品上盖有鲜

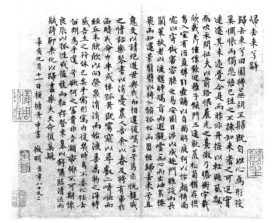

文徵明《小楷归去来兮辞》

红的印章,可以起到美化衬托的作用;二是可以弥补作品在章法处理上的不足,起到平衡的作用。印章是书法作品不可缺少的组成部分。

书法作品的钤印一般为 1—3 颗。两颗盖在姓名下。一颗盖在作品右上

方，称为起首章。如果作品中只盖一颗的，则应该盖名章。姓名下盖两颗章的，印文可以这样安排：一颗姓印，一颗名印；起首章是闲章的一种，内容较广，一般可以是警句格言、座右铭等。

用印要注意3条：一是印章大小要与落款文字大小相似，不要过大或过小。二是两颗印用在一起，最好一颗为 白文印（印字凹进去），一颗为朱文印（印字凸出来）。三是最后一颗印的位置比正文底边略高一些，低于正文则会显得局促，不美观。

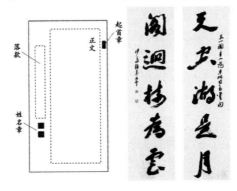

章法介绍　　　《行书五言联》

【篆刻】

1. 工具介绍

（1）刻刀

篆刻用的刀一般为平口刀刃，刀有一定厚度，刀口的出锋角度以 40 度至 20 度为适中。刻刀可以备大小不同的两三把，便于刻大小不同的印章。另外刀的长度也要适中，过长与过短不利于运用。在刀口尾端可作保留四方的硬角，以便最后敲打印面，做残损效果用。为防滑手须在刀杆上缠裹一些线绳，可使握刀时手更能着力。斜口刀、圆口刀不能作篆刻的刀具。

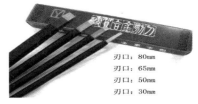

刃口：80mm
刃口：65mm
刃口：50mm
刃口：30mm

（2）印泥

是篆刻的"墨色"。印泥以漳州、杭州、苏州、上海等地生产的较好。印泥从印色上区

别有朱砂、朱磦印泥,还有深褐色的仿古印泥及其他颜色的印泥。好的印泥必须油迹不外渗,而有厚度,有很强的覆盖力。印泥宜放瓷质印泥缸中,须常用牙质或塑料的印筋搅拌。

(3)印床

印床是固定印材所用的工具。除了一些特殊情况外,一般篆刻家不使用印床,而是左手按石,右手执刀,这样顺手而方便。初学用印床便于动刀,以便执石之手灵活转动配合受刀,印床有木制、金属制多种。

(4)笔墨砚

笔一般以5、6号圭笔为宜。墨宜用砚台研墨为好。

(5)纸

复印印稿可用薄而吸水的毛边纸、毛太纸等,钤印可用连史纸、薄宣纸。用连史纸拓印样及拓边款最佳。

(6)砂纸镜子:磨印石开始可在废砂纸、水泥地上磨,然后再用砂纸磨至细洁为度。(可备铁砂、水砂粗细不同的两种)小镜子用来反照印文。

(7)印刷:可用旧牙刷、旧油画笔代替,用以钤印前刷清石章底部残剩的石屑。

(8)棕帚:即"棕老虎",拓边款的工具。

(9)拓包:拓边款的工具。

(10)印材介绍

在历代治印所选用的石材中,最常见的是青田石、寿山石和昌化石三大类,另外还有被引入印坛不久的内蒙古石和东北石。各类石章由于产地不同,其质地、性能和色泽也各不相同,各有特点。一方名贵的石章,不但有其本身的价值,而且具有很高的艺术审美价值,所以名贵印石的收藏也代不乏人。

青田石产于浙江省青田县,并因此得名。其石质细腻温润,极易受刀,且刀趣表现力丰富,为篆刻家最爱使用的印材之一。青田石有青、黄、淡红及青灰等色彩,其中以灯光冻、白果冻、松花冻较名贵,上品封门青最为著名。

青田石　　　寿山石　　　昌化石

寿山石产于福建寿山。品类繁多,常见的有白芙蓉冻、脑脂胭脂冻等。向有"石中之王"雅号的田黄石是寿山石中的佼佼者,其表层透明色黄,肌里透彻规则。普通的寿山石,不如青田石细糯,运刀有一种粗涩感。

昌化石产于浙江昌化县。其石也有水坑与旱坑之分,水坑石质理匀恬粉洁,旱坑石则粗涩坚顽,且常与砂钉同生。但无论水坑、旱坑,总的受刀感觉皆紧滞艰涩。昌化石有红、黄、灰等色,且往往交织在一起。

2. 创作印稿

写印稿前须磨细印面,如磨石时力度不均匀,会出现印面倾侧歪斜,需注意变换印石方位,初学者写印稿方法如下:

(1) 反写法

先将印稿设计在透明度较好的纸上,翻过纸侧依照"反高"用铅笔摹写上石,再用毛笔复写一遍。如临印,可将印谱倒头放置,在选临的印拓边置一小镜,再依镜中印章样摹写上石,印稿上石后,宜用镜子对照原作仔细审视,作进一步的修正。

(2) 水印法

先将毛边纸(或宣纸等)放置印面上,在手掌中压一痕迹,然后在纸上压痕范围内用浓墨临写或设计印稿(初学者可先用铅笔)。将墨迹干透的印稿复于印面。注意固定纸和石头的位置,不能移位。用干净毛笔在印稿上施以不太湿的清水,再用干净的毛边纸吸干多余的水分,用指甲均匀地研磨后揭去印稿便成。

写印稿示范图

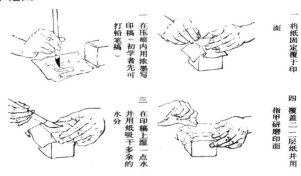

(3) 执刀法

执刀有两种姿势:一是用执毛笔的方法,大拇指、食指、中指、无名指执刀,小指抵住无名指,刀口向右,刀杆倾斜。运刀必须是向左推进。二是像握拳一样,五指握刀,大拇指在外面,运刀是由外向内冲切。第一种执刀法较灵便,适宜小中印及工细风格的印;第二种执刀法力量较强,但也显得不太灵便,适宜大印及粗矿风格的印。关于刀法,古人有复刀、补刀、埋刀、舞刀、涩刀、留刀等多种刀法名称,其实概括地说,就是切刀与冲刀两大类。

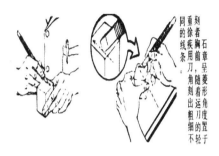

切刀法　　　冲刀法　　　冲切结

(4)切刀

运刀由右向左、由外向内,先将刀锋切入石内,使刀杆顺笔画方向摆动,一起一伏地切刻前进,如人在沼泽地行走,一步步拔腿向前搬动。这样切刻出来的线条留有逐步移动的刀的痕迹,显得沉稳泼辣。典型的例子就是"西泠八家"丁敬等人的朱文印。

(5)冲刀

运刀由右向左、由外向内,或者向身体反方向冲去。刀锋入石后,掌握一定的深浅度,力量要匀,运刀速度略快而又能把握住,即虽然是一刀顺势冲去,但到该停处就停住,不会冲出刀外而划破手指。这是个基本功,就如驱使马奔跑,然到悬崖处,缰绳一勒就能兀然而止。典型的例子要算齐白石的"中国长沙湘潭人也"的白文印,内含一股"冲劲"。

切刀与冲刀有时也可结合运用,即冲中有切,切中有冲,如赵之谦的"二金蝶堂"白文印、吴昌硕"缶庐"朱文印。

白文印(阴文印):

东郡守丞　巧工司马　庆泠长印　　徐骏之印　王凤私印　张君宪印

巧工中郎将印　　　　新邢军护军章　　　　广汉大将军章

朱文印（阳文印）：

丁敬身印　为五斗米折腰　鲜鲜霜中菊　画梅乞米　江流有声 断岸千尺　意与古会

（二）古典文学

中国古典文学是中国传统文化的重要组成部分，是中华民族社会文化意识的载体之一，也是最高精神成就之一。一个汉字是一条路，带我们寻本溯源回归传统文化之源起；一首诗词是一座桥梁，沟通今人与古人的精神世界；一幅《清明上河图》是一部纪录片，铺展开北宋的繁华与富庶；一曲《霓裳羽衣曲》是一个舞台，演绎了千余年前的盛世大唐……

走进卷帙浩繁的古典文学殿堂，入眼尽是珍贵的典籍、传世的珍品，让我们一起品味传统文化中的文学与艺术之美。

【古代神话】

在中国古代的原始时期，生产力和认识能力都极为低下，人们对于变化无常的自然现象、神秘的人类起源等问题感到神秘莫测，只能结合自己有限的生活体验通过丰富想象创造出众神，用神化了的故事来解释未知。他们用女娲、盘古等创世之神来解释人类的起源，用"天柱折，地维绝"来解释大江东去、日月西行的自然现象，更有"精卫填海""夸父逐日""大禹治水"等英雄人物的塑造构建了最初的中华民族之魂。神话看似荒诞不经，因其展现了远古人民的心灵世界，反映了远古时代的人类生活及历史发展进程而成为文化史上的瑰宝。又因其包含着历史、哲学、宗教、科学与文学艺术的发生、发展，被称为人类童年的第一部精神著作，为了解远古人民的思想意识提供了珍贵的资料，具有不朽的认识价值。

神话产生年代久远，先于文字出现，而且缺乏系统记载神话的专门典籍，导致保存下来系统完整的神话较少。收录神话较多的古籍主要有：《山海经》《庄子》《楚辞》《淮南子》《列子》等。

【诗经与楚辞】

朝吟"风雅颂",暮唱"赋比兴"。回溯华夏文明的源头,要从《诗经》开始。《诗经》是我国最早的一部诗歌总集,作者佚名,绝大部分已经无法考证,传为尹吉甫采集,孔子编订。《诗经》收集了西周初年至春秋中叶的诗歌,共311篇,其中6篇为笙诗。《诗经》在内容上分为《风》《雅》《颂》三个部分,以赋、比、兴为主要表现手法。《诗经》在先秦时期称为

汉阳江滩大禹治水浮雕

《诗》,或取其整数称《诗三百》,西汉时被尊为儒家经典,始称《诗经》,并沿用至今。

《楚辞》是屈原作品的合集,关于篇名,司马迁在《史记·屈原列传》中解释为"离忧";王逸在《楚辞章句》中解释为"别愁",被称为"楚辞",是因为它"书楚语,作楚声,纪楚物"。《楚辞》的代表作是《离骚》,《离骚》是中国古代诗歌史上最长的一首浪漫主义的政治抒情诗。

"风"是《诗经》的精华所在,"骚"是《楚辞》最高成就的体现。"风骚"既概括了我国先秦文学在思想精神、艺术表现上的最高成就,又标志着一种不同凡响的情韵与才华。读《诗经》《楚辞》,我们不仅要看到它的文学价值,也要看到它的历史价值和社会价值。

【先秦诸子散文】

春秋战国时期,思想的百家争鸣给散文的发展提供了沃土,先秦诸子散文应运而生。先秦诸子散文的发展大致经历了三个阶段:第一个阶段为春秋末期,以语录体为主,主要作品有《论语》《墨子》。这一时期的作品语言接近口语,本着真实记录的原则,没有进行过多修饰。第二阶段为战国中期,作品从语录体转向专题论文,主要代表作品集有《孟子》《庄子》。《孟子》虽然仍是语录体,采用对话的方式进行记录,但对话中的论辩意味浓郁,促进了散文由语录向论文体的发展。第三个阶段是战国末期的专题论文,代表作品为《荀子》《韩非子》《吕氏春秋》等。《荀子》中的文章大多为长篇大论,论点明确,句法整齐。《韩非子》中收录的散文观点锋芒毕露,议论精辟透彻,无论推理还是论证都能够切中要害。语言上或如《论语》简括平易,或如《孟子》辞风雄辩,或如《荀子》浑厚缜密,或如《庄子》恣肆汪洋……无不文情并茂,极具文采,彰显了我国论说文发展的大致风貌,其思想成就和语言风采对我国几千年来的政治制度和后世

文学都产生了深远影响。

【两汉文学】

两汉时期许多重要的文学样式孕育产生，形成了丰富多彩的文学现象。西汉时期成就最高的当属散文，贾谊的《过秦论》豪健奔放、激切犀利，晁错的《论贵粟疏》是政论散文的代表作。赋是介于诗和散文之间的特殊文体，《文心雕龙·诠赋》中说："赋也者，受命于诗人，拓宇于楚辞也。"赋是由《诗经》和《楚辞》发展而来的。《诗经》中铺陈的手法加之《楚辞》的华美辞藻共同构成了赋韵散兼行，辞采华丽的特点。它以"铺采摛文，体物写志"为主要手法，以"颂美""讽喻"为目标，长于铺陈叙事，重于押韵，是汉代的一种新兴文体。代表作家有司马相如、枚乘、东方朔、王褒、杨雄、班固、张衡等，枚乘的《七发》标志着新体大赋的形成，司马相如《子虚赋》《上林赋》代表了赋的最高成就。西汉后期班固的《两都赋》、张衡《二京赋》是东汉新体大赋的两篇力作。此后到汉末，大赋逐渐衰落，张衡开创了抒情小赋，他的《归田赋》就是最具代表性的作品。

《史记》作为我国的第一部纪传体通史被鲁迅先生誉为"史家之绝唱，无韵之《离骚》"，作者司马迁是西汉时期最著名的文学家、史学家。《史记》既开创了中国纪传体史学，也开创了中国的传记文学。全书一百三十篇，五十二万余字，记载了从传说中的黄帝到汉武帝太初四年3000多年的历史，是二十四史的第一部。

汉代在"楚辞"的影响下产生了新的诗歌样式——汉乐府和五言诗，作品来源既有文人创作也有民间创作的歌谣，成就最高的是两汉乐府和东汉末年的文人五言诗。汉代诗歌的起源也离不开《诗经》和《楚辞》的影响，形式上从四言、发展到五言、七言，内容从叙事诗发展到抒情诗，题材之广泛，内容之丰富，不仅开创了五言诗的形式，更为建安诗歌的繁荣发展奠定了基础。继第一首文人五言诗班固的《咏史》之后，张衡的《同声歌》、秦嘉的《赠妇诗》等对五言诗的发展起到了推进作用，汉代文人五言诗成就最高的当推无名氏的《古诗十九首》。《古诗十九首》作者多是失意的文人，借诗歌抒发他们怀才不遇、壮志难酬的忧愤情绪，在民间广为流传，被刘勰的《文心雕龙》誉为"五言之冠冕"。其中还出现了《孔雀东南飞》这样的鸿篇巨制，它是中国文学史上第一部长篇叙事诗，也是乐府诗的巅峰之作。

【唐诗宋词】

长安月明，汴梁春暖，中国的传统文化最不能缺席的就是唐诗与宋词。

唐诗是中国诗歌的标志，是中国古典诗歌的巅峰，是诗歌史上的"黄金时代"。

从发展历程上分为初唐、盛唐、中唐、晚唐四个阶段。初唐诗歌代表人物"初唐四杰"王勃、杨炯、卢照邻、骆宾王,此外还有陈子昂、张若虚、宋之问等。初唐四杰以他们恣肆的才华一改初唐文风纤弱的现象,转变了南北朝诗歌柔靡而了无生气的文风,拓宽了诗歌的题材。王勃的"海内存知己,天涯若比邻"脍炙人口,陈子昂的《登幽州台歌》和张若虚的《春江花月夜》都是这一时期的代表作品。

盛唐时期经济繁荣、国力强盛,万邦来朝,也是唐诗的鼎盛时期。这一时期的唐诗题材广泛,流派众多,出现了"山水田园诗派"和"边塞诗派"等诗歌流派,诗坛也是群星璀璨,出现了我国诗歌史上的"双子星座"——浪漫主义诗人李白和现实主义诗人杜甫,他们的诗歌无论是绝句还是律诗都能睥睨千古。

伟大的浪漫主义诗人李白,被杜甫赞为"笔落惊风雨,诗成泣鬼神",身具儒家、道家、游侠的思想,一生经历坎坷,性情狂放不羁。李白一生诗作九百多首,作为一位伟大的浪漫主义诗人,他展开丰富的想象,调动一切浪漫主义手法,达到了"笔落惊风雨,诗成泣鬼神"的高度。《侠客行》《蜀道难》《行路难》《将进酒》等诗篇中运用夸张的手法、极度的想象、贴切的譬喻,气势恢宏而极富感染力,《梦游天姥吟留别》更是众多佳作中的极品,有《李太白集》传世,后世尊称他为"诗仙"。

杜甫虽然与李白齐名,但他的诗风却与李白迥然不同。沉郁顿挫的风格就如杜甫老成稳重的性格,他的诗作真实地记录了帝国盛极而衰的历史,因此被后人称为"诗史"。安史之乱是杜甫一生的痛,"三吏三别"等作品真实记录了战乱带给百姓的痛苦和诗人内心的忧愤。杜甫一生有1500首左右的诗歌流传于世,精湛的诗艺对中国古典诗歌的影响非常深远,有《杜工部集》传世。在杜甫草堂,郭沫若的对联正是杜甫一生真实的写照:"世上疮痍,诗中圣哲;民间疾苦,笔底波澜","诗圣"是世人对杜甫的崇高赞誉,诗歌史上有此殊荣的仅杜工部一人。

山水田园诗派成就最高的首推王维。王维曾官至尚书右丞,后因厌倦官场生活长期隐居,纵情山水,歌咏村居生活,诗作恬静闲适,禅意幽深。"明月松间照,清泉石上流"(《山居秋暝》);"开畦分白水,间柳发红桃"(《春园即事》);"斜光照墟落,穷巷牛羊归"(《渭川田家》)等诗作可以说就是一幅田园山水画,故苏轼有诗云:"味摩诘之诗,诗中有画;观摩诘之画,画中有诗。"

与王维齐名的诗人当属孟浩然,因祖籍襄阳被后世称为"孟襄阳",一生没

有正式做官,漫游与隐居构成他生活的全部内容,因山水诗闻名于世,被李白引为知己,他的《过故人庄》流传最为广泛。

唐朝战乱频繁,走进军营从戎不投笔的文人也屡见不鲜,以描绘边塞风光、反映戍边将士的生活为主的边塞诗应运而生。代表诗人有高适、王昌龄、岑参等,杰出作品如王昌龄的《出塞》《塞下曲》、高适的《燕歌行》、岑参的《走马川行奉送出师西征》《白雪歌送武判官归京》等。

中唐时期,王朝鼎盛时期已过,但唐诗的盛世并没有终止。不但有元稹、白居易的奇崛诗风,韩愈、孟郊、李贺、李商隐等也均成后世典范,更有白居易的《长恨歌》《琵琶行》伤感苍凉,韩愈的《石鼓歌》《陆浑山火》粗犷豪放。到了晚唐,由于世风日下,诗风也随之转变,杜牧的咏史诗注入了深沉的借古讽今的意味,李商隐的《锦瑟》《无题》这样的诗风深入心灵世界,形成凄艳浑融的风格。

宋词是中国古代文学皇冠上一颗光辉夺目的明珠,它标志着宋代文学的最高成就。它始于梁代,形成于唐代,而极盛于宋代。它与唐诗争奇,与元曲斗艳,与唐诗并称双绝,都代表一代文学之盛。北宋前期词坛的文人,以柳永、晏殊、张先、范仲淹、欧阳修、苏轼为代表。他们的社会地位都比较高,除柳永、张先以外,差不多都是台阁重臣,人生命运相对来说比较顺利适意,所以此时还是承了花间词的词风。北宋后期词坛,在意境、声律方面有所开拓,代表性的有婉约派词人秦观、格律词派的始创者周邦彦。

北宋后期,金兵南下占领中原,特殊的历史时期涌现了一批有民族气节的词人,如李清照、张元干、张孝祥、辛弃疾、陆游等。这一时期的词作情怀豪壮激烈、境界雄伟壮阔、感情慷慨激昂。到了南宋后期,在南宋朝廷苟且偷安风气的影响下,文风也开始逃避现实,雕琢之风日盛,兴起了以姜夔、史达祖、吴文英为代表的格律派,也有蒋捷这样的词人另辟蹊径,兼容豪放与婉约风格,直抒家国之哀,情调凄凉悲切,语言精致典雅。

【元曲与明清小说】

元杂剧和散曲合称为元曲,是元代的主要文学形式。关汉卿与白朴、郑光祖、马致远并称为"元曲四大家",关汉卿位于"元曲四大家"之首,代表作是《窦娥冤》。马致远代表作是《汉宫秋》。郑光祖的杂剧在当时"名闻天下,声振闺阁",其中《倩女离魂》最著名。白朴代表作是《墙头马上》。

明清是中国小说史上的繁荣时期。除了我们熟知的罗贯中的《三国演义》、施耐庵的《水浒传》、吴承恩的《西游记》、曹雪芹的《红楼梦》外,还有"三言二拍"这样脍炙人口的小说出现,即冯梦龙的《喻世明言》《警世通言》《醒世恒言》,并称"三言";凌濛初的《初刻拍案惊奇》《二刻拍案惊奇》,即为"二拍"。蒲松龄的《聊斋志异》更是代表了文言小说的最高成就。

晚清遣责小说应运而生,代表作品有李宝嘉被称为晚清四大遣责小说之首的《官场现形记》,描绘了一幅官场"百丑图",现实意义深远,发人深省。《官场现形记》与吴沃尧的《二十年目睹之怪现状》、曾朴的《孽海花》、刘鹗的《老残游记》、吴敬梓的《儒林外史》并称为明清时期五大奇书,他们共同描绘一幅又一幅鲜活的社会众生相。此外,为人熟知的明清小说还有《封神演义》《隋唐演义》《说岳全传》《镜花缘》《雷峰塔传奇》等。

【寓言与民间故事】

在我国古代浩如烟海的典籍中,寓言故事像一颗颗璀璨的明珠散落于历代文学著作和笔记中,经久不衰地闪耀着文学和智慧的光芒。早在先秦时代,我国就涌现出诸如掩耳盗铃、狐假虎威、滥竽充数等寓言故事。它们短小精练,却蕴藏深隽的哲理和丰富的生活经验,随着时代的发展不断给予人们智慧的启迪,也给予文学发展以积极、深远的影响。

"寓言"一词最早见于《庄子》,"寓"寄也,"寓言"就是寄意于言,即把要讲的道理蕴含在生动有趣的小故事里。寓言故事题材广泛、内容丰富,有的反映社会面貌和政治现实,有的记录百姓的智慧和经验,有的浓缩立身处事的要义,还有些寓言本身就是一篇精彩的文章,文辞俱佳,引人入胜。寓言早在我国春秋战国时代就已经盛行。在先秦诸子百家的著作中,经常采用寓言阐明道理,保存了许多当时流行的寓言,如:《揠苗助长》《自相矛盾》《郑人买履》《守株待兔》《刻舟求剑》《画蛇添足》等,其中《庄子》与《韩非子》中收录最多。

民间故事是古代人民口头创作并传播的一种文学形式,内容大多虚构而成,故事内容从生活本身出发,但又加入了大量的想象成分。也被叫作"古经""瞎话"等。民间故事具有年代久远、情节夸张、题材广泛、充满幻想的特点。内容既有对自由美好的爱情的向往与憧憬,如《牛郎织女》《白蛇传》《梁山伯与祝英台》等,也包括对剥削阶级的痛恨和反抗,如《鱼盆》《阿凡提的故事》等。故事的主人公既有历史人物、神鬼志怪,也有清官名将、民间英雄……它们流传广,影响大,是我国非物质文化遗产的重要组成之一。

【资源链接】

1.《山海经》是中国先秦古籍,一般认为主要记述的是古代神话、地理、物产、巫术、宗教、古史、医药、民俗、民族等方面的内容。《山海经》全书十八卷,其中"山经"五卷,"海经"八卷,"大荒经"四卷,"海内经"一卷,共约 31 000 字。

记载了100多邦国,550山,300水道以及邦国山水的地理、风土物产等讯息。

2.《道德经》,又称《道德真经》《老子》《五千言》《老子五千文》,传说是春秋时期的老子(即李耳,河南鹿邑人)所撰写,是道家哲学思想的重要来源。《道德经》分上下两篇,原文上篇《德经》、下篇《道经》,不分章,后改为《道经》37章在前,第38章之后为《德经》,并分为81章。是中国历史上首部完整的哲学著作,思想内容微言大义,一语万端。

3.《孟子》为记述孟子思想的著作。完成于战国中后期。该书翔实地记载了孟子的思想、言论和事迹。

4.《庄子》又名《南华经》,是道家经文,是战国中期庄子及其后学所著,到了汉代以后,便尊之为《南华经》,封庄子为南华真人。其书与《老子》《周易》合称"三玄"。《庄子》一书主要反映了庄子的批判哲学、艺术、美学、审美观等。其内容丰富,博大精深,涉及哲学、人生、政治、社会、艺术、宇宙生成论等诸多方面。

5.《史记》是西汉史学家司马迁撰写的纪传体史书,是中国历史上第一部纪传体通史,记载了上至上古传说中的黄帝时代,下至汉武帝太初四年间共3000多年的历史。《史记》是我国第一部通史,是"二十四史"中最早的一部,也是最重要的一部史书。全书共一百三十篇。《史记》叙事,始自黄帝,下迄西汉太初,采用了综合性的叙事模式,囊括记言、纪事、编年、国别等形式,开创纪传体史书"纪、传、表、志"的体例。就内容而言,《史记》是对前代史学的一次总结;就体例而言,《史记》也是集大成之作。

6.《汉书》,又称《前汉书》,是中国第一部纪传体断代史,"二十四史"之一。由东汉史学家班固编撰,前后历时二十余年,于建初年中基本修成,后唐朝颜师古为之注释。《汉书》与《史记》《后汉书》《三国志》并称为"前四史"。《汉书》全书主要记述了上起西汉的汉高祖元年(公元前206年),下至新朝王莽地皇四年(23年)共230年的史事。《汉书》包括本纪十二篇,表八篇,志十篇,传七十篇,共一百篇,后人划分为一百二十卷,全书共八十万字。

7.《古诗十九首》是中国古代文人五言诗选辑,由南朝萧统从传世无名氏古诗中选录十九首编入《文选》而成。《古诗十九首》是乐府古诗文人化的显著标志,深刻地再现了文人在汉末社会思想大转变时期,追求的幻灭与沉沦、心灵的觉醒与痛苦,抒发了人生最基本、最普遍的几种情感和思绪。全诗语言朴素自然,描写生动真切,具有浑然天成的艺术风格,处处表现了道家与儒家的哲学意境,被刘勰称为"五言之冠冕"(《文心雕龙》)。

8.《全唐诗》是清朝初年编修的汇集唐代诗歌的总集,全书共九百卷。共收录唐代诗人二千五百二十九人的诗作四万二千八百六十三首。清康熙四十四年曹寅、彭定求、沈立曾、杨中讷等奉敕编纂,成书于次年十月。是中国规模最大的一部诗歌总集。

9.《全宋词》由唐圭璋编著,孔凡礼补辑,共收录宋代词人 1 330 家,词作21 116首。《全宋词》是中国近百年来最重要的古籍整理成果之一,全书共五册,荟萃宋代三百年间的词作。宋词和唐诗均为中国古典诗的艺术高峰。

10.《明代志怪传奇小说叙录》作者陈国军,本书以叙录的著述方式,以明代276 年间200 部(篇)志怪传奇小说为整体研究对象,从作者生平、作品存佚、版本嬗变、文献著录、成书时间、基本内容、文本源流、传播影响、地位评价等方面,对明代志怪传奇小说钩稽资料,条疏源流,辨证真伪,有较强的学术价值和社会价值。

(三)传统节日

中国的传统节日形式多样,内容丰富,是我们中华民族悠久的历史文化的一个组成部分。传统节日的形成过程,是中华民族历史文化长期积淀凝聚的过程,从这些流传至今的节日风俗里,还可以清晰地看到古代人民社会生活的精彩画面。

在漫长的历史长河中,历代的文人雅士、诗人墨客,为一个个节日谱写了许多千古名篇,这些诗文脍炙人口,被广为传颂,使我国的传统节日渗透出深厚的文化底蕴,精彩浪漫,大俗中透着大雅,雅俗共赏。中国的节日有很强的内聚力和广泛的包容性,这与我们民族源远流长的悠久历史一脉相承,是一份宝贵的精神文化遗产。

【除夕】

农历十二月二十九或三十日,又称大年夜、除夕夜、除夜、岁除等。除,即去除的之意;夕,指夜晚。除夕也就是辞旧迎新、一元复始、万象更新的节日。是中国最重要的传统节日之一。除夕自古就有通宵不眠、守岁、贴门神、贴春联、贴年画、挂灯笼等习俗,流传至今,经久不息。与清明节、中元节、重阳节三节是中国传统的祭祖大节,也是流行于汉字文化圈诸国的传统文化节日。

【春节】

农历正月初一,是指汉字文化圈传统上的农历新年,俗称"年节",传统名称为新年、大年、新岁,但口头上又称度岁、庆新岁、过年。中国人过春节已有 4 000 多年的历史。在现代,人们把春节定于农历正月初一,但一般至少要到正月十五(上元节)新年才算结束。在民间,传统意义上的春节是指从腊月的腊祭或

腊月二十三或二十四的祭灶，一直到正月十九。

在春节期间，中国的汉族和一些少数民族都要举行各种庆祝活动。这些活动均以祭祀祖神、祭奠祖先、除旧布新、迎禧接福、祈求丰年为主要内容，形式丰富多彩，带有浓郁的各民族特色。受到中华文化的影响，属于汉字文化圈的一些国家和民族也有庆祝春节的习俗。人们在春节这一天都尽可能地回到家里和亲人团聚，表达对未来一年的热切期盼和对新一年生活的美好祝福。

春节是中华民族最隆重的传统佳节，同时也是中国人情感得以释放、心理诉求得以满足的重要载体，是中华民族一年一度的狂欢节和永远的精神支柱。春节与清明节、端午节、中秋节并称为中国四大传统节日。

【元宵节】

农历正月十五，又称上元节、小正月、元夕或灯节，是春节之后的第一个重要节日，是中国亦是汉字文化圈的地区和海外华人的传统节日之一。正月是农历的元月，古人称夜为"宵"，所以把一年中第一个月圆之夜正月十五称为元宵节。元宵节始于2 000多年前的汉朝。汉文帝时下令将正月十五定为元宵节。司马迁创建"太初历"时，就已将元宵节确定为重大节日。

传统习俗有出门赏月、燃灯放焰、喜猜灯谜、共吃元宵、拉兔子灯等。此外，不少地方元宵节还增加了耍龙灯、耍狮子、踩高跷、划旱船、扭秧歌、打太平鼓等传统民俗表演。2008年6月，元宵节选入第二批国家级非物质文化遗产。

【清明节】

公历4月5日前后，又叫踏青节，在仲春与暮春之交，也就是冬至后的第104天。是中国传统节日，也是最重要的祭祀节日之一，是祭祖和扫墓的日子。中华民族传统的清明节大约始于周代，距今已有二千五百多年的历史。

清明最早只是一种节气的名称，其变成纪念祖先的节日与寒食节有关。晋文公把寒食节的后一天定为清明节。春风拂煦清明节，踏青祭祖念先人。清明扫墓祭祀，缅怀先人寄托哀思，有利于弘扬孝道亲情，唤醒家庭共同记忆，促进家庭成员乃至民族的凝聚力和认同感。清明节的习俗除了讲究禁火、扫墓，还有踏青、荡秋千、踢蹴鞠、打马球、插柳等一系列风俗体育活动。

2006年5月20日，中国文化部申报的清明节经国务院批准列入第一批国家级非物质文化遗产名录。

【端午节】

农历五月初五,又名"午日节、五月节、龙舟节、浴兰节、诗人节"等。据《荆楚岁时记》记载,因仲夏登高,顺阳在上,五月是仲夏,它的第一个午日正是登高顺阳好天气之日,故五月初五亦称为"端阳节"。端午节是流行于中国以及汉字文化圈诸国的传统文化节日。

端午节起源于中国,是古代吴越地区(长江中下游及以南一带)崇拜龙图腾的部族举行图腾祭祀的节日,在农历五月初五以龙舟竞渡形式举行部落图腾祭祀的习俗之说。战国时期的楚国(今湖北)诗人屈原在该日抱石跳汨罗江自尽,统治者为树立忠君爱国标签将端午作为纪念屈原的节日;部分地区也有纪念伍子胥、曹娥等说法。

自古以来端午节便有划龙舟及食粽等节日活动。2006 年 5 月,国务院将其列入首批国家级非物质文化遗产名录;2009 年 9 月,联合国教科文组织正式审议并批准中国端午节列入世界非物质文化遗产,成为中国首个入选世界非遗的节日。端午节有吃粽子,赛龙舟,挂菖蒲、蒿草、艾叶,薰苍术、白芷,喝雄黄酒的习俗。这一天的活动现在逐渐演变为吃粽子、赛龙舟、带五色线、做香囊、门上插艾。

【七夕节】

农历七月初七,又名乞巧节、七巧节或七姐诞。七夕始于汉朝,是流行于中国及汉字文化圈诸国的传统文化节日。相传农历七月七日夜或七月六日夜妇女在庭院向织女星乞求智巧,故称为"乞巧"。其起源于对自然的崇拜及妇女穿针乞巧,后被赋予了牛郎织女的传说使其成为象征爱情的节日。七夕节妇女穿针乞巧、祈祷福禄寿、礼拜七姐、陈列花果、女红等诸多习俗影响至日本、朝鲜半岛、越南等汉字文化圈国家。

2006 年 5 月 20 日,七夕节被中华人民共和国国务院列入第一批国家级非物质文化遗产名录。

【中秋节】

农历八月十五,又称月夕、秋节、八月节、拜月节、女儿节或团圆节等,是流行于中国众多民族与汉字文化圈诸国的传统文化节日,时在农历八月十五;因其恰值三秋之半,故名中秋节。中秋节始于唐朝初年,盛行于宋朝,至明清时,

已成为与春节齐名的中国传统节日之一。受中华文化的影响,中秋节也是东亚和东南亚一些国家尤其是当地的华人华侨的传统节日。自 2008 年起中秋节被列为国家法定节假日。2006 年 5 月 20 日,国务院列入首批国家级非物质文化遗产名录。

中秋节自古便有祭月、赏月、拜月、吃月饼、赏桂花、饮桂花酒等习俗,流传至今,经久不息。中秋节以月之圆象征人之团圆,为寄托思念故乡、思念亲人之情,祈盼丰收、幸福,成为丰富多彩、弥足珍贵的文化遗产。

【重阳节】

农历九月初九,又称重九节、晒秋节、"踏秋"。庆祝重阳节一般包括出游赏秋、登高远眺、观赏菊花、遍插茱萸、吃重阳糕、饮菊花酒等活动。《易经》中把"六"定为阴数,把"九"定为阳数,九月九日,日月并阳,两九相重,故曰重阳,也叫重九。重阳节早在战国时期就

已经形成,自魏晋重阳气氛日渐浓郁,备受历代文人墨客吟咏,到了唐代被正式定为民间的节日,此后历朝历代沿袭至今。

1989 年将农历九月九日定为老人节,倡导全社会树立尊老、敬老、爱老、助老的风气。2006 年 5 月 20 日,重阳节被国务院列入首批国家级非物质文化遗产名录。

这里所介绍的只是汉民族的一些较大的传统节日,我国是个多民族的国家,各民族都有自己的文化习俗,众多的民族节日,是一份有待挖掘的文化宝藏。

(四)传统礼仪

中国素有"礼仪之邦"之称,正所谓有礼仪之大谓之夏。"礼"在传统社会无时不在,出行有礼,坐卧有礼,宴饮有礼,婚丧有礼,寿诞有礼,祭祀有礼,征战有礼等等。这里的"礼"包含了传统礼制的精神原则与传统礼仪行为两大部分,礼仪是礼制的精神核心,礼仪制度是礼仪精神的外在表现。

【行走之礼】

行走之礼——古人在行走过程中,还要注意人际关系的处理,因此有行走的礼节。古代常行"趋礼",即地位低的人在地位高的人面前走过时,一定要低

头弯腰,以小步快走的方式对尊者表示礼敬,这就是"趋礼"。传统行走礼仪中,还有"行不中道,立不中门"的原则,即走路不可走在路中间,应该靠边行走;站立不可站在门中间。这样既表示对尊者的礼敬,又可避让行人。

【见面之礼】

见面之礼——人们日常见面既要态度热情,又要彬彬有礼。如何与不同身份的人相见,都有一定的规矩。比如一般性的打招呼,在传统上行拱手礼。拱手礼是最普通的见面礼仪,方式是双手合抱(一般是右手握拳在内,左手加于右手之上)举至胸前,立而不俯,表示一般性的客套。如果到人家做客,在进门与落座时,主客相互客气行礼谦让,这时行的是作揖之礼,称为"揖让"。作揖同样是两手抱拳,拱起再按下去,同时低头,上身略向前屈。作揖礼在日常生活中为常见礼仪,除了上述社交场合外,向人致谢、祝贺、道歉及托人办事等也常行作揖礼。身份高的人对身份低人的回礼也常行作揖礼。传统社会对至尊者还有跪拜礼,即双膝着地,头手有节奏触地叩拜,即所谓叩首。

【饮食之礼】

饮食之礼——饮食礼仪,数千年来由上到下,一以贯之,已经成为中国一种文化现象,在中国文化中占有极重要的位置。迎宾的宴饮称为"接风""洗尘",送客的宴席称为"饯行"。宴饮之礼无论迎送都离不开酒品,"无酒不成礼仪"。宴席上饮酒有许多礼节,客人需待主人举杯劝饮之后,方可饮用。所谓:"与人同饮,莫先起觞"。客人如果要表达对主人的盛情款待的谢意,也可在宴饮的中间举杯向主人敬酒。在进食过程中,同样先有主人执箸劝食,客人方可动筷。所谓:"与人共食,慎莫先尝"。古代还有一系列进食规则,如"当食不叹""共食不饱、共饭不泽手""毋投骨于狗"等,主客相互敬重,营造和谐进食、文明进食的良好氛围。

【拜贺庆吊之礼】

拜贺庆吊之礼——中国自古是一个人情社会,人们相互关怀、相互体恤,在拜贺庆吊中有许多仪礼俗规。拜贺礼一般行于节庆期间,是晚辈或低级地位的人向尊长的礼敬,同辈之间也有相互的拜贺。行拜贺礼时,不仅态度恭敬,口诵贺词,俯首叩拜,同时也得有贺礼奉上。庆吊之礼,主要行于人生大事中。人的一生要经历诞生、成年、婚嫁、寿庆、死亡等若干阶段,围绕着这些人生节点,形成了一系列人生礼仪。婴儿满月时,亲戚朋友纷纷上门恭贺,并馈赠营养食品与幼儿鞋帽衣物。成年礼在中国传统社会称为冠笄之礼。男子 20 岁行加冠礼,女子 15 岁行绾发加笄礼。婚嫁是人生的大事,传统社会十分看重。传统婚

礼有六道程序,所谓"周公六礼",即纳采、问名、纳吉、纳征、请期、亲迎。宋代简化为纳采、纳币、亲迎三礼。寿诞礼,生日那天有庆生仪式,亲友送寿礼致贺。最后一道人生仪礼是丧礼,人死于正命,是白喜事。亲戚朋友都来吊唁热闹。为了表示哀悼心情,人们要奉上挽联、挽幛或礼品、礼金。亡者一般在三五天内入殓安葬。拜贺庆吊之礼显示了人们相互扶助的社会合作精神与社会团结的气象。

传统礼俗中诚敬谦让、和众修身的礼仪原则在当代社会仍然值得提倡。当然现在我们对传统礼仪的继承是一个复杂问题,需认真辨析,择善而从。

【资源链接】

1.《仪礼》原名《礼》,系记载古代礼制的著作,今本通行十七篇。汉人以其所讲为士所必习的礼节,称为《士礼》;相对《礼记》而言,又叫《礼经》;晋人认为其所讲的并非礼的意义,而是具体的礼节形式,故称之为《仪礼》,与《礼记》《周礼》合称"三礼"。历朝礼典的制定,大多以《仪礼》为重要依据,对后世社会生活影响至深。本书为儒家十三经之一,是中国春秋战国时代的礼制汇编。

2.《礼记》,是中国古代一部重要的典章制度书籍,儒家经典著作之一。该书是西汉戴圣对秦汉以前各种礼仪著作加以辑录,编纂而成,共49篇。《礼记》大约是战国末年或秦汉之际儒家学者托名孔子答问的著作。

3.《周礼》是儒家经典,西周时期的著名政治家、思想家、文学家、军事家周公旦所著,今从其思想内容分析,则说明儒家思想发展到战国后期,融合道、法、阴阳等家思想,与春秋孔子时思想发生极大变化。《周礼》所涉及之内容极为丰富。大至天下九州,天文历象;小至沟洫道路,草木虫鱼。凡邦国建制,政法文教,礼乐兵刑,赋税度支,膳食衣饰,寝庙车马,农商医卜,工艺制作,各种名物、典章、制度,无所不包。堪称上古文化史之宝库。

(五)中医中药

中医药也叫汉族医药,它是中华民族的宝贵财富,为中华民族的繁衍昌盛做出了巨大贡献。现在传统医学的治疗理念正逐渐被世界所接受,传统医药受到国际社会越来越多的关注,世界范围内对中医药的需求日益增长,这为中医药的发展提供了广阔的空间。

中医也称汉医,是研究人体生理、病理以及疾病的诊断和防治等的一门学科。中医诞生于原始社会,春秋战国时期中医理论已基本形成,之后历代均有总结发展。除此之外对汉字文化圈国家影响深远,如日本汉方医学、韩国韩医学、朝鲜高丽医学、越南东医学等都是以中医为基础发展起来的。

中医学以阴阳五行作为理论基础,将人体看成是气、形、神的统一体,通过"望闻问切"四诊合参的方法,探求病因、病性、病位,分析病机及人体内五脏六腑、经络关节、气血津液的变化,判断邪正消长,进而得出病名,归纳出证型,以辨证论治原则,制定"汗、吐、下、和、温、清、补、消"等治法,使用中药、针灸、推拿、按摩、拔罐、气功、食疗等多种治疗手段,使人体达到阴阳调和而康复。中医具有完整的理论体系,其独特之处,在于"天人合一""天人相应"的整体观及辨证论治。

中药,以中国传统医药理论指导采集、炮制、制剂,说明作用机理,指导临床应用的药物,统称为中药。简而言之,中药就是指在中医理论指导下,用于预防、治疗、诊断疾病并具有康复与保健作用的物质。中药主要来源于天然药及其加工品,包括植物药、动物药、矿物药及部分化学、生物制品类药物。由于中药以植物药居多,故有"诸药以草为本"的说法。

在中医药的发展史上出现了很多名医,中华"医祖"扁鹊、后汉"神医"华佗、明代"医圣"李时珍、中医"方祖"张仲景被称为中国古代的四大名医。他们留下了很多中医药典籍供我们研究、学习,他们的传奇故事以及其理论著作,反映了一个时代社会文化、生活环境、人民意识思维的变迁。他们的丰功伟绩,至今为后人所传颂。

【资源链接】

1.扁鹊姓秦,名越人,战国渤海郡郑(今河北任丘)人。太子尸厥已死,而治之复生;齐桓公未病,而知其后五日不起,名闻天下。《史记·战国策》载有他的传记病案,并推崇为脉学的倡导者。

2.华佗又名敷,字元化,后汉末沛国(今安徽亳州)人。精内、外、妇、儿、针灸各科,对外科尤为擅长。对"肠胃积聚"等病,饮麻沸散,须臾便如醉肠洗涤,缝腹摩膏,施行腹部手术。

3.张仲景名机,字仲景,汉末向阳郡(今河南南阳)人。相传曾任长沙太守,当时伤寒流行,病死者很多。他的著作《伤寒杂病论》是中国传统医学著作之一,总结了汉代300多年的临床实践经验,对祖国医学的发展有重大贡献。至今是中国中医院校开设的主要基础课程之一。《伤寒杂病论》系统地分析了伤寒的原因、症状、发展阶段和处理方法,创造性地确立了对伤寒病的"六经分类"的辨证施治原则,奠定了理、法、方、药的理论基础。

4.李时珍,字东壁,号频湖,明朝蕲州(今湖北蕲春)人。长期上山采药,深入民间,参考历代医书800余种,经27年的艰苦,著成《本草纲目》,所载药物共1758种,被译为日、法、德、俄等国文字。

5.《黄帝内经》简称《内经》,原书18卷。其中9卷名《素问》;另外9卷无书名,汉晋时被称为《九卷》或《针经》,唐以后被称为《灵枢》,非一人一时之作,主要部分形成于战国至东汉时期。每部分各为81篇,共162篇。《素问》主要论述了自然界变化的规律、人与自然的关系等;《灵枢》的核心内容为脏腑经络学说。它反映了中国古代天人合一的思想,确立了中医学独特的理论体系,成为中国医药学发展的理论基础和源泉。《黄帝内经》奠定了人体生理、病理、诊断以及治疗的认识基础,是中国影响极大的一部医学著作,被称为医之始祖。

（六）中华饮食

中华饮食文化博大精深,源远流长,在世界上享有很高的声誉。

【食文化】

中国是个讲究饮食的国度,上至招待外宾的国宴,下至普通人家的家常便饭都要讲究"食出有门",讲究色香味全,讲究营养搭配,因此就产生了灿烂丰富、博大精深的中国饮食文化。《论语》中有关于饮食"二不厌、三适度、十不食"的论述,直至今日仍有极高的理论指导性。老子将饮食中的"色香味形"与治国方略幽默地结合在一起,才有了举重若轻的"治国若烹小鲜";随园才子袁枚花了五十年时间编写了《随园食单》,可见他对饮食的钟爱。中华饮食文化就其深层内涵,可以简单概括成八个字:精致、悦目、坠情、礼数。这八个字,反映了饮食活动过程中饮食品质、审美体验、情感活动、社会功能等所包含的独特文化意蕴,也反映了饮食文化与中华优秀传统文化的密切联系。

【酒文化】

"金樽清酒斗十千"是李白的酒,承载着诗人的情怀;"葡萄美酒夜光杯"是王翰的酒,氤氲着边塞的苍凉;"浊酒一杯家万里"是范仲淹的酒,承载着报国情怀……酒,可以色泽纷呈,可以种类繁多,然而饮酒在中国已经远不止口腹之乐,它是一个文化符号,是一种礼仪,一种气氛,一种情趣,一种心境,酒与诗,更是结下了不解之缘。在人类文化的历史长河中,酒已不仅仅是一种客观的物质存在,而是一种文化象征。

【茶文化】

中国是茶的故乡,所有制茶的方式都从中国开始的。《神农百草经》记载:"神农氏尝百草,一日遇七十二毒,得茶而解之。"茶,由此横空出世,从此奠定了它的药用与养生价值。随着时代的发展,人们对于茶香、茶味、茶礼的研究逐渐成为一种文化。中华茶圣陆羽认为,茶道在中华饮食文化中的地位几乎与酒齐名,首次提出了中国的茶道精神。陆羽之后又出现了大量的茶诗、茶书及一系列与茶相关的文学作品,为我国的茶文化发展做出了贡献。

【资源链接】

1.《食经》北宋崔浩著,崔浩字伯渊。本书是元、明、清三代著名饮食文化书籍的汇编,该书从饮、食、品、理、法等方面为读者呈现中餐历史的原貌,使读者从这一阶段了解古代文化和古人生活。

2.《酒经》,又名《北山酒经》,北宋人朱肱(字翼中)著,曾在杭州开办酒坊,有丰富的酿酒经验。《酒经》载有酒曲13种,除传统罨曲外,还出现了风曲和曝曲,作曲全部改用生料,且多加入各种草药,表明北宋时制曲工艺技术比魏晋南北朝时要进步得多。

3.《茶经》,唐陆羽著,本书是作者在亲自调查和实践的基础上,认真总结、悉心研究了前人和当时茶叶的生产经验完成创作的,是中国乃至世界现存最早、最完整、最全面的茶文化专著,被誉为茶叶百科全书。

(七)传统服饰

"云想衣裳花想容",爱美之心人皆有之。中国古代服装发展历史就是一幅异彩纷呈的长卷,在数千年的历史画廊中徐徐铺展,向我们展现了古代人民追寻美、创造美的历程。

从汉服随性唯美的深衣、曲裾,到魏晋时期深受汉服影响飘逸的袿衣(杂裾)宽衣大袖,融合了古人"天人合一"的理念,汉服之美在于自在随性。唐朝服饰在继承的基础上融入了西方的艺术形式,开放浪漫的风格中更显华丽清新、雍容富贵,就连配饰都富丽堂皇。宋代服装一改唐朝服饰旷达华贵、恢宏大气的特点,服装造型封闭,颜色严肃淡雅,色调趋于单一,褙子是这一时期的主要服饰,男内穿,女外穿,汉代服饰中的随性自然在宋代服饰中荡然无存。值得一提的是,受封建礼教的影响,这一时期出现了缠足陋习。朱元璋称帝后,为了恢复汉族的礼仪,便制定了以周汉、唐宋为准则的新服饰制度。以袍衫为主要服饰,而官员则以补服为常服,头戴乌纱帽,身穿圆领衫。清代满族入关后,强迫汉人穿满人服装,渐渐形成了一套有别于明代的服饰体系。清朝是我国服装史

上改变最大的一个朝代，是中国古服装与近代服装的交接点，是近代男士的马褂长袍、女士的旗袍的发展基础。

服饰如历史的铜镜，斑驳的丝线向我们展现了中国服饰中的美学理念，到了今日，汉服、唐装依然是国人最美的衣裳。

【资源链接】

《中国古代服饰研究》是著名作家沈从文创作的一部系统考证中国服饰文化的学术专著。该书内容涉及的时期起自殷商迄于清朝，对三四千年间各个朝代的服饰问题进行了抉微钩沉的研究和探讨。

中国古代传统服饰

（八）中华民俗

民俗，即民间风俗，是指民间民众的风俗生活文化的统称。起源于人类社会群体生活的需要，在特定处境中不断形成、扩大和演变。民俗文化，也泛指一个国家、民族、地区中集居的民众所创造、共享、传承的风俗生活习惯，是在普通人民群众的生产生活过程中形成的一系列非物质文化。民俗分类包括：物质民俗（居住、服饰、饮食、生产、交通、交易）、行为民俗（家庭、家族、村落、岁时、人生仪礼）、意识民俗（巫术、信仰、宗教、禁忌、民间游艺）。

民俗文化是以民间文化和民俗风情为主体的民族民间的物质上、精神上和制度上的传统，它包括生产与生活习俗、游艺竞技习俗、岁时节日习俗、礼仪制度习俗、社会组织习俗、民间文学艺术等。民俗是不断发展变异的历史流动载体，它含有一个民族历史文化的积淀，反映出一个民族的历史和这个历史决定的民族心理特征、文化特征。民俗广泛地影响着一个民族的生活，影响左右着民族的未来，是民族文化中的一个重要方面。不了解一个民族的民俗也就不能充分认识这个民族。

【资源链接】

1.《明代岁时民俗文献研究》，作者张勃，本书是一项民俗学视野下的专题性历史民俗文献的断代研究,主要运用比较、文本分析等方法,对明代岁时民俗文献中的岁时记、地方志的岁时民俗记述等进行了专门研究。

2.《顾颉刚民俗论文集》是顾颉刚先生受五四新文化运动对大众文化积极态度的影响,把民间的歌谣、戏剧、故事、风俗、宗教和传统的经学、史学置于同等的地位上做研究而形成的论文集。《顾颉刚民俗论文集》除收入《吴歌甲集》《孟姜女故事研究集》《妙峰山》三部专书外,还包括有关歌谣、风俗、民间文艺等的序跋与论述、探讨等。

(九) 中华武术

中华武术,泛指中华民族在日常生活中结合社会哲学、中医学、伦理学、兵学、美学、气功等多种传统文化思想和文化观念,注重内外兼修,逐步形成的独具民族风貌的武术文化体系。

武术在我国有悠久的历史,它的产生,缘起于我国远古祖先的生产劳动。武术作为独立的社会文化现象,是同中华民族文明的产生同步的。商周时期,出现了"武舞",用来训练士兵,鼓舞士气。进入春秋战国以后,诸侯争霸,都很重视技术在战场中的运用。秦汉以来,盛行角力、击剑。随着"宴乐兴舞"的习俗,手持器械的舞练时常在乐饮酒酣时出现,如《史记·项羽本纪》记载的"鸿门宴"中"项庄舞剑,意在沛公",便是这一形式的反映。唐朝以来开始实行武举制,天罡拳比较流行,对武术的发展起了促进作用。裴民将军的剑术独冠一时,裴民的剑术、李白诗歌、张旭草书并称唐代三绝的美誉,可见武术作为一种文化形式已具有相当影响。宋元时期,以民间结社的武艺组织为主体的民间练武活动蓬勃兴起。明清时期是武术大发展时期,流派林立,拳种纷显。

到了近代,武术适应时代的变化,逐步成为中国近代体育的有机组成部分。民国时期,民间出现了许多拳社、武士会等武术组织。1928 年,在南京成立了中央国术馆。1936 年中国武术队赴柏林奥运会参加表演。中华人民共和国成立后,武术得到了蓬勃发展。1956 年中国武术协会建立了武术协会、武术队等,形成了空前广泛的群众性武术活动网,为武术的发展开拓了广阔的道路。

1985 年,在西安举行了首届国际武术邀请赛,并成立了国际武术联合会筹委会,2008 年奥运会开幕式表演的中华武术,是武术发展中历史性的突破。1987 年在横滨举行了第一届亚洲武术锦标赛,标志武术走进亚运会。1999 年,国际武联被吸收为国际奥委会的正式国际体育单项联合会成员,这是武术发展中的又一历史性突破,意味着在不久的将来,武术即将成为奥运项目,意味着"把武术推向世界"的雄伟目标又进一步。

（十）中华艺术

中华艺术门类众多，有绘画、音乐、书法、舞蹈、戏曲、雕刻等，还有许多民间技艺，如剪纸、年画、刺绣等。每个艺术门类都出现了无数的艺术巨匠，创造了杰出的艺术珍品。这里简单介绍中华艺术中的琴棋书画。

【琴】

梧桐做面，梓木为底，长三尺六寸五，前有岳山，后有龙池、凤沼，脚下踩一对雁足。十三个徽位象征一年十二个月加一个闰月，七根丝弦发出金玉之声。这就是古琴，亦称瑶琴、玉琴、七弦琴，中国最古老的弹拨乐器之一。

古琴在春秋时期盛行，至今已有 3 000 年以上的历史。20 世纪初才被称作"古琴"。关于琴的创制者，文献有"昔伏羲作琴""神农作琴""舜作五弦之琴以歌南风"等说法，可以看出琴在中国有着悠久的历史。《诗经·关雎》有"窈窕淑女，琴瑟友之"，《诗经·小雅》亦有"琴瑟击鼓，以御田祖"等记载。

古琴从来不属于大众，弹奏时也要净手、焚香，听者需是知音知己，陌生人在场一般是不会轻易弹奏的，所以才有俞伯牙和钟子期"高山流水觅知音"的故事。

琴人在长期实践中呈现出不同的手法和风格，于是产生了古琴弹奏的四大流派：江苏广陵派、山东诸城派、四川蜀派、广东岭南派，精彩纷呈的琴乐流派体现着古琴艺术在各个历史阶段的发展水平。

古琴与其他古物不同之处在于它是有生命的，无论年代多么久远，只要装好琴弦，即可奏高山流水、抚沧海桑田。仿佛一位穿越时空而来的雅士，在向我们悠悠地讲述着上下五千年。

【棋】

古人云"忙里读诗惟举扇，闲来悟道莫过棋"的说法，可见棋是关乎修养的。从文献来看，各地方言不同对棋的称呼也不尽相同，北人称"弈"，南人谓"棋"。后来，有人根据下棋时黑白双方总是互相攻击、互相包围的特点，称"围棋"，汉代，围棋已作为一个专用名词出现了。东晋高僧支道林与颇负棋名的谢安等人交好，他长期观战，见棋手交锋时缄口不语，手起棋落，意在其中，于是称围棋为"手谈"。其后，王坦之把弈者正襟危坐、运神凝思时毫无喜怒哀乐表情的那副神态比作是僧人参禅入定，故又称围棋为"坐隐"。一方棋盘博的是政治，弈的是军事，弈棋者在这风起云涌的战场上运筹帷幄，这才是围棋的魅力所在。

【书】

"铁画银钩书万古，春秋雅事一毫藏。"中国书法伴随着汉字的产生，在经历了甲骨文、大篆、小篆、隶书、草书、楷书、行书之后，演变成了笔下生云浪、毡上跑兵马的独特艺术形式。横折撇捺间透露出刚柔相济的境界，虚实对称中无不呈现自然的意蕴。如今书法已经脱离了实用的层面，上升为能够抒情写意、具有独特魅力的艺术形式。

行书《兰亭序》东晋　王羲之

【画】

我国的绘画历史悠久，在漫长的艰苦岁月中，先民们通过辛勤的劳动，在发展生产的同时，也发展了自己的审美意识和艺术创造才能，从而认识并掌握了绘画这一门艺术。

清明上河图(局部)北宋　张择端

最初的中国绘画，是画在陶器、地面和岩壁上的，渐而发展到画在墙壁、绢和纸上。使用的基本工具是毛笔和墨，以及天然矿物质颜料。在无数画家不断探索、创新的努力之下，逐渐形成了鲜明的民族风格和民族气派，并有着自己独立的绘画美学体系，在世界绘画艺术中独树一帜。中国古代绘画作品存世量之大，也是世界上少有的，是中华民族光辉灿烂的古代文化艺术宝库中的瑰宝，也是世界文化艺术宝库中的一朵奇葩。

【资源链接】

1.《琴史》，中国传统琴曲专用的乐谱。唐代以前用文字记述弹琴的指位和弦位，称文字谱。唐代曹柔首创减字法，将原来的文字谱简化、缩写，成为减字谱，明清两代沿用。现存曲谱多为中唐的减字法所记载的作品，文字谱所记载

的只剩《碣石调·幽兰》一曲。

2.《棋经十三篇》是宋朝时出现的一部在我国围棋发展史上占有特殊地位的著作。《棋经十三篇》的价值，首先在于它的系统性。我国古典围棋理论，从尹文子和太叔文子算起，中经班固《弈旨》、马融《围棋赋》等，到了敦煌写本《棋经》和王积薪的《十诀》，才逐渐开始系统化。但真正建立起一个体系的，还要算《棋经十三篇》。这标志着我国古典围棋理论发展到了一个新的高度。

3.《启功论书绝句百首》是一部集大成之作，在诗歌、书法、书法理论方面都堪称不朽。此论书绝句百首，前二十首为启功先生二十余岁时作，后八十首为五十岁后陆续所作。一诗阐明一个问题，涉及数以百计的碑帖、书作、书家、书法理论家，其诗信手拈来、深入浅出而见解深刻，可谓是厚积薄发、博观约取。

4.《历代名画记》是中国第一部绘画通史著作。唐代张彦远著。全书十卷，可分为对绘画历史发展的评述与绘画理论的阐述、有关鉴识收藏方面的叙述、370余名画家传记三部分，具有当时绘画"百科全书"的性质，在中国绘画史学的发展中，具有无可比拟的承先启后的里程碑的意义。

（十一）古玩器物

古玩，又称文物、古董等，是古代遗存下来的文化遗存物质，包括传世品和地下出土品。被视做人类文明和历史的缩影，融合了历史学、方志学、金石学、博物学、鉴定学及科技史学等知识内涵。经历了无数朝代起伏变迁，藏玩之风依然不衰，甚而更热，其中自有无穷魅力与独到乐趣。

古玩主要分四大项：瓷器、玉器、书画、杂项。

【陶瓷】

陶瓷是陶器和瓷器的总称。中国人早在约公元前8000—前2000年（新石器时代）就发明了陶器。陶与瓷的区别在于原料土的不同和烧制温度的不同。在制陶的温度基础上再添火加温，陶就变成了瓷。青花玲珑瓷是在明宣德年间镂空工艺的基础上创造和发展起来的，已有五百多年的历史。它融青花技术之长，集镂雕艺术之妙，玲珑剔透，精巧细腻，具有新明快之感。碧绿透明的玲珑和色呈翠兰的青花互为衬托，相映生辉，给人以一种特殊的美感。玲珑瓷以玲珑剔透、晶莹雅致而

上海博物馆青花瓷藏品

蜚声中外。作为汉族传统文化之一的陶瓷文化，在民族母体中孕育、成长与发展，它以活生生的凝聚着创作者情感、带着泥土的芬芳、留存着创作者心手相应

的意气的艺术形象,表现着汉族文化,叙述着一个个动听的故事,展现着广阔的社会生活画卷,记录着芸芸众生的悲欢离合,描述着民族的心理、精神和性格的发展与变化,伴随着民族的喜与悲而前行。

【书画】

书画是书法和绘画的统称。也称字画。书,即是俗话说的所谓的字,但不是一般人写的字,一般写字,只求正确无讹,在应用上不发生错误即可。倘若图书馆和博物馆把一般人写的字收藏起来,没有这个必要。图书馆和博物馆要保存的是字中的珍品。历史上有名的书法家写的真迹,在写字技巧上有很多创造或独具一格的,我们称之为书法艺术。

【玉器】

玉器,即使用天然玉石加工制成的器物。中国早在八千多年前就有了玉器,并不间断地延续到现在。玉器的出现是远古石器的延续与创新。古玉器的出现,在于新石器时期晚期的中华古人创造了使用解玉砂琢磨加工玉石的方法。古玉器是人类古代文明里中华文明所独有的器物。因古代碾法已经失传,以加工方式区分,用碾法制作的玉器均为古玉器,而凡使用电动金刚工具等现代技术加工的玉器称为新玉。中国玉器自史前出现起,即是最高规格的器物,主要用作礼器和配饰。有祭祀天的玉璧,祭祀地的玉琮,有祭祀四方的圭、璋、琥、璜。史前典型的玉器见于红山文化和良渚文化等。

【杂项】

杂项收藏是指在收藏"主流"——书画、陶瓷、玉器、家具、古籍善本、珠宝、邮品、钱币等大项之外的类别。杂项,主要包括竹、木、牙、角、文房四宝、漆器、绣品、铜器、佛像、鎏金器物等,以及一些无法准确归类的物品如挂饰、手串、核桃等,最大的特点是易于把玩。

(十二) 文化遗产

文化遗产,概念上分为有形文化遗产、无形文化遗产。包括物质文化遗产和非物质文化遗产。物质文化遗产是具有历史、艺术和科学价值的文物;非物质文化遗产是指各种以非物质形态存在的与群众生活密切相关、世代相承的传统文化表现形式。从 2006 年起,每年六月的第二个星期六为中国文化遗产日。

物质文化遗产包括古遗址、古墓葬、古建筑、石窟寺、石刻、壁画、近代现代重要史迹及代表性建筑等不可移动文物,历史上各时代的重要实物、艺术品、文献、手稿、图书资料等可移动文物;以及在建筑式样、分布均匀或与环境景色结

合方面具有突出普遍价值的历史文化名城(街区、村镇)。

非物质文化遗产又称无形文化遗产,主要指人类以口头或动作方式相传,具有民族历史积淀和广泛、突出代表性的民间文化遗产,它曾被誉为历史文化的"活化石","民族记忆的背影"。它包括民间传说、习俗、语言、音乐、舞蹈、礼仪、庆典、烹调以及传统医药等。联合国教科文组织认为非物质文化遗产是确定文化特性、激发创造力和保护文化多样性的重要因素,在不同文化相互宽容、协调中起着至关重要的作用,因而于1998年通过决议设立非物质文化遗产评选。

我国已经申请成功的非物质文化遗产有昆曲、中国古琴艺术、新疆维吾尔木卡姆艺术、蒙古族长调民歌、中国蚕桑丝织技艺、福建南音、南京云锦、安徽宣纸、贵州侗族大歌、广东粤剧、《格萨尔》史诗、浙江龙泉青瓷、青海热贡艺术、藏戏、新疆《玛纳斯》、蒙古族呼麦、甘肃花儿、西安鼓乐、朝鲜族农乐舞、书法、篆刻、剪纸、雕版印刷、传统木结构营造技艺、端午节、妈祖信俗、羌年、木拱桥传统营造技艺、黎族传统纺染织绣技艺灯、京剧、中医针灸、中国活字印刷术、皮影戏、二十四节气等。

【资源链接】

1.《中国世界自然与文化遗产旅游》为湖南地图出版社出版,由柳正恒、林可编著,全书共五辑。第一辑:宫殿、坛庙、陵墓、长城;第二辑:古城、古村落、古典园林;第三辑:宗教建筑、原始遗址;第四辑:山岳、古代工程;第五辑自然与文化双遗产。

2.《中国非物质文化遗产百科全书》是由冯骥才总主编的一部书籍,包含《史诗卷》《传承人卷》《代表性项目卷》。《代表性项目卷》汇集了目前中国所有国家级非物质文化遗产代表作品。全书分为传统技艺、民间美术、民间舞蹈等十大部分,共收条目 1 200 余条,总字数 100 余万字。在完整收录非遗代表作品基本信息的同时辅以精选图片与传承人名录。《传承人卷》按门类、批次、地区、项目等来安排条目。内容包括民间文学、民间音乐、民间舞蹈、传统戏剧、曲艺、杂技与竞技、民间美术、传统手工技艺、传统医药、民俗等十个门类,第一至第四批次,收录20多个地区以及1986名国家级非物质文化遗产项目代表性传承人。《史诗卷》内容涉及人物、社会、经济、宗教、民俗、艺术、语言、生态等。共计95万字,1600多个词条,200余幅图片,涵盖《格萨(斯)尔》《江格尔》和《玛纳斯》。

二、中华优秀传统文化课程设计

【教学设计1】儿歌教学渗透中华优秀传统文化教学设计

教学内容:统编小学语文教科书二年级下册《传统节日》

设计撰写:哈尔滨市香安小学校 夏云

授课对象:二年级

【设计理念】

小学二年级的孩子对于传统文化了解不多,但对于自己过的节日却是记忆犹新,因此这节课从孩子喜欢、熟悉的节日入手,有效打开孩子对传统文化的认知视角,以丰富的传统节日习俗、神话传说、字形古今演变、口诀歌谣创编等吸引学生对优秀传统文化的挖掘热情,从而让传统文化底蕴根植于学生的心灵,让学生对传统文化的追寻热情逐步升温。

【教学目标】

1. 正确认识"传""统"等15个生字,会写"节日""春节"等12个词语。

2. 有感情地朗读课文,背诵课文。

3. 了解我国的传统节日,知道这些节日的具体时间。能联系生活,选一两个节日,说说自己是怎么过节的。

【教学重点】

1. 学会本课生字新词。

2. 正确、流利、有感情地朗读课文,了解我国的传统节日。

【教学难点】

熟知文中出现的传统节日及习俗。

【教学流程】

第一课时

板块一:视频欣赏,激发兴趣

1. 出示春节、元宵节、重阳节、儿童节、劳动节、国庆节、建军节、圣诞节的图片欣赏,其中的前三个节日出示的图片为古代人民过节的画面。

【传统文化渗透】对比中初步感受中国传统节日的特点。

边看边旁白提示:

家家户户贴窗花放鞭炮,这是(　　　　)。

吃完元宵逛灯会猜灯谜,这是(　　　　　)。

登高赏菊插茱萸敬老人,这是(　　　　　)。

世界儿童齐欢呼笑声响,这是(　　　　　)。

劳动人民得胜利不容易,这是(　　　　　)。

中华人民共和国成立了,这是(　　　　　)。

中国人民解放军纪念日,这是(　　　　　)。

2.小结:在我们的日历上会看到很多这样的节日标注,你知道哪些节日是我们中国特有的并且是世世代代流传下来的吗?(再出三幅图)感受传统节日的特点。

3.引入新课:这节课我们就一起来学习我们中国的传统节日。(板书课题)

4.学习"传统":指导朗读,结合前面的了解说说什么是传统?除了节日外还有什么也可以说是传统的?(精神、习俗、艺术、制度等)

板块二:初读课文,分类识字

1.请同学们大声朗读这首儿歌,要借助字音读准生字,不认识的字多读几遍。

2.分类识字,集中认读。

(1)形声字识记:传、宵、饼、菊。(借形旁表义规律识记字形,了解字义。)

(2)利用熟字识记:贴、赏、宵、郎。(换一换,减一减来记字)

(3)生活情境识字:"巷"可以借助地名识记,如学校附近的"民建巷"。"艾"可以借助物品识记,如"艾灸""艾草"。

(4)具体语境识字,熟字组成常用词来识记。统、堂、乞、巧。

(5)古今字形演变识字"祭"象形字,体会左上角代表牲肉,右上角的又指手,中间像祭桌。表示以手持肉来祭祀神灵。

【传统文化渗透】在古今字形的演变中,体会中华传统文化的博大精深,感受古人造字方法的意义。

3.指导书写帖、舟、艾 3 个既要会认又要会写的生字。

板块三:再读课文,感受节日

1.再次读文,圈画节日名称。

2.图配文字,读名称感受习俗。

3.一句话说说自己怎样过节的。

板块四:作业布置

这些节日都在哪一天呢?请回家后自己搜集相关材料,深入了解这些传统节日的由来。

第二课时

板块一:复习导入

还记得上节课我们学习了哪些传统节日吗?

结合回答板书节日名称和时间。

【传统文化渗透】由正月引出对公历农历的介绍,让学生知道农历是中国的传统历法,又称阴历、夏历、华历、汉历等,我们的大多数传统节日都是按农历来计算的。只有清明这一天是公历 4 月 5 日前后,是按照春分节气后第 15 天来计算的。

板块二:搜集资料,汇报交流

谁能说说你对这些节日的了解?（出示相应图片配合学生的讲解。教师结合学生的汇报相机板书传说故事中的主要人物。）

总结:每一个传统节日背后都有一个这样动听的传说或故事,可见传统节日对我们每个中国人来说是多么的意义深刻。而诗歌却能用如此简短精练的语言将这些节日习俗都说明白,我们一起再读读这首儿歌吧!

板块三:指导朗读,熟读成诵

感受押韵,读出韵律。

师生配合,前后轮读。

打乱顺序,重新排序读。（巩固节日时间顺序,帮助记忆。）

熟练记忆,指导背诵。

改编儿歌,升华内容。

将传统节日的时间、名称、习俗填充到儿歌里,让学生根据记忆来填一填,将所学内容升华深化。

屏幕出示:

(大年初一)春节到,家家户户(放鞭炮)。

(正月十五)吃元宵,赏(灯)猜(谜)真(热闹)。

公历 4 月 4、5 号,清明(祭扫)别(忘掉)。

(五月初五)端午到,(龙舟)开赛(棕)香(飘)。

(七月初七)来乞巧,(牛郎织女)会(鹊桥)。

(八月十五)中秋到,圆月当空人(欢笑)。

(九月初九)要敬老,重阳赏(菊)喜(登高)。

板块四:指导书写

街、敬、转、团、热、闹 6 个生字。（注意转字的第七笔是竖折折,热的右面笔

顺撇、横斜钩、点)

板块五:拓展阅读

书中提到的这些传统节日,很多古诗都描写过,你知道吗?(出示古诗《元日》《清明》《端午》《七夕》《中秋月》《九月九日忆山东兄弟》)

课外延伸:除了书中提到的这些传统节日外,我国还有哪些传统节日呢?感兴趣的同学可以回去好好研究研究,也可以编成儿歌读一读。

【板书设计】

传 统 节 日

农　　历

正月初一	春节	年兽
正月十五	元宵节	汉文帝
(公历) 4 月 4、5 日	清明节	介子推
五月十五	端午节	屈原
七月初七	乞巧节	牛郎织女
八月十五	中秋节	拜月赏月
九月初九	重阳节	登高

【教学设计2】古诗词教学渗透中华优秀传统文化教学设计

教学内容:人教版小学语文教科书四年级下册《古诗词三首》
　　　　　之《渔歌子》

设计撰写:哈尔滨市经纬小学校 徐岩

授课对象:四年级

【设计理念】

《渔歌子》这首词是唐代词人张志和的代表作。整首词描绘了初春时节西塞山的美丽景色。全词动静结合,意境优美,用词活泼,情趣盎然,生动地表现了渔夫悠闲自在的生活情趣。在教学时,以本首词作为原点,以感悟"渔夫"形象为线索,先拓展张志和与哥哥的故事,引出《和答弟志和于赋歌》。再延伸学习,补充另外三首和渔夫意向有关的古诗,引导学生初步感受"渔夫"已经成为中国传统诗词中的一个经典的文化意象。在诗歌的比较阅读中,使学生感受到渔父意象寄托着中国文人对这种与世无争的超然生活的向往。

【教学目标】

1.能认识"塞、鳜、箬、笠、蓑"等字。能正确、有节奏、有感情地朗读全词,背诵积累。

2.通过感情朗读、展开想象,理解《渔歌子》所表现的意境,感受作者享受自然、闲适的心境。

3.拓展相关诗词,在联系与比较中丰富"渔夫"的想象。

【教学重点】

用自己的语言表述《渔歌子》所表现的意境,体悟诗人的情感。

【教学难点】

在多首诗的阅读中,感悟"渔夫"的不同形象。

【教学流程】

板块一:谈话导入　读懂题目

1.古诗是中国传统文化中耀眼的明珠。我们已经积累了很多的古诗,能背诵几首吗?

2.今天,我们再来学习一首词——《渔歌子》。指名读课题,强调"子"的读音。

3.读古诗词先要读懂题目,三个字中哪个字很关键,你又想到了什么?(这首词是和渔夫打鱼有关。)

4."渔歌子"是词牌名。看看这首词和刚才我们背诵的古诗,在句式方面有什么不同呢?

5.词的特点是句子长短不一,谱上曲就能吟唱出优美的歌曲。像我们曾经背诵过的《满江红》《忆江南》都是词。

板块二:初读诗词　读准读通

1.自由朗读,注意读准字音、读出词的节奏。

2.你发现哪些字音不好读,要提醒大家注意。

(重点指导:塞 鳜 蓑 笠)

3.指名朗读。

板块三:运用方法　读出意境

1.通过以前的学习,你们有哪些读懂诗意的好方法呢?(借助图画、参考注释、了解诗人、诵读想象等)

2.运用这些方法,再到这首词中看一看,你看到了一位怎样的渔夫?把你的想法在小组内交流一下,请各组的组长进行记录。

3.小组汇报,全班交流。

(1)渔夫的外貌:青箬笠 绿蓑衣。

借助插图和字的偏旁理解"箬笠、蓑衣"。

（2）陶醉在山水美景中的渔夫。

师：张志和的词就像他的好友书法家颜真卿说的那样："词中有画,画中有词"。你看,就描写渔夫的六个字当中,我们就看到了颜色,那么在前两句描写景色的诗句中,你都看到了哪些颜色呢?

【传统文化渗透】"词中有画 画中有词"是张志和《渔歌子》的艺术特色。通过引导学生想象画面,引导学生感悟词的内容,体会词的情韵。从而激发学生热爱传统文化的美好情感。

师：青山绵绵,桃花灼灼,绿水清清,鳜鱼戏水,白鹭鸣飞,谁能把这美好的意境读出来?

（3）悠闲自得的渔夫。

师：所以,在这青山绿水间的渔夫,即使——"斜风细雨",也"不须归"。

师：你们读出渔夫此时的心情了吗?

师：我们已经触摸到了渔夫的内心,把你的感受加进去读一读。

（指导朗读,"不须归"读得慢一些,轻一些。）

4. 渔夫已经陶醉在了这如画的美景中,达到了一种忘我的境界,下面我们带着这样的感觉读读整首词。指名读,全班尝试背诵。

板块四：拓展延伸 丰富"渔夫"意象

（一）介绍诗人 拓展哥哥的诗

1. 读出诗的意境,品出诗的情韵,这还不够。读古诗,还要去了解诗背后的那个人（张志和图片）,是怎样的诗人刻画出这样一位悠闲自得的渔夫形象呢?

课件出示：他年少得志,曾经是朝廷命官,后来因得罪权贵被贬官,他干脆辞官不做,隐居于大自然,寄情于山水,以游赏为乐,以钓鱼为趣,过起了游历生活。

2. 教师介绍：张志和自封烟波钓徒,他喜欢这样垂钓的生活。于是非常有感情地写下了《渔歌子》。可是他的哥哥张松龄,很担心他在外流连忘返,惹出麻烦,于是写了一首《和答弟志和于赋歌》（课件出示）。

3. 知道题目是什么意思吗？指导读题目,注意停顿。

4. 自由读诗,借助注释读懂诗意,说一说哥哥借这首词要告诉弟弟什么?（哥哥很担心弟弟,想让弟弟早点回家。）

5. 理解了词意,让我来当哥哥,你们来当弟弟,我来催催你们,看看你们能不能用《渔歌子》中的语句回答我。

师：乐是风波钓是闲,草堂松径已胜攀。太湖水,洞庭山,狂风浪起且须还。

生:西塞山前白鹭飞,桃花流水鳜鱼肥,青箬笠,绿蓑衣,斜风细雨不须归。

师:太湖水,洞庭山,狂风浪起且须还。

师:狂风浪起且须还。

师:且须还(呀)。

6.情境问答:弟弟呀,你为何不归?

(二)合作学习　丰富"渔夫"形象

1.一提到渔夫,像这样"青箬笠,绿蓑衣"的形象已经深入人心,其实在中国古代,"渔父"是一种经典的文化现象。从古至今,就有数不胜数的诗人、词人塑造出了各式各样的"渔父"。下面请你读拓展诗篇中的诗,还是先借助注释了解诗意,不明白的地方可以和同学在小组内交流,然后和小伙伴们讨论:在每一首诗中,你看到了一位怎样的渔夫?

【传统文化渗透】通过多首古诗的拓展、积累,引导学生通过小组合作探究的方式,感受古诗中的"渔夫"形象。"渔夫"已经成为中国传统诗词中的一个经典的文化意象。在诗歌的比较阅读中,使学生感受到渔父意象寄托着中国文人对这种与世无争的超然生活的向往。

2.学生汇报,全班交流:

(1)《题秋江独钓图》

师:你真会读诗,抓住诗中的关键词"一",让我们读出了一个逍遥、孤寂的渔夫形象。

(2)《江雪》

师:柳宗元政治上受挫,被贬永州,心灰意冷,就像万籁俱寂的世间只有渔夫一人,如此孤独寂寞。

3.《临洞庭上张丞相》

师:诗人借垂钓者,抒发自己闲居无聊的苦闷和急于被人重用的决心。让我们读出了一个想要成功,等待重用的渔夫形象。

4.总结:中国古诗在几千年的发展过程中,也形成了一些特定的规律,有些诗歌中的形象往往用来表达一些特定的情感。比如说看到渔夫会想到:悠闲自在,逍遥孤寂,等待重用。在以后的诗歌中,你们再看到渔夫,也许还会领悟到其他的形象。

板块五:总结升华　激发情感

师:这节课我们从一首张志和的《渔歌子》中认识了渔夫,又通过一首首古诗词,让"渔夫"的形象丰富了起来。诗词是我们中国人的文化基因,我们一直

是一个感性而又诗意的民族。老师想与大家分享这样一句话：有用的知识，是让你活着；看似无用的诗，会让你活得更美。唯有诗，可以让你与众不同。

【板书设计】

渔歌子

［唐］张志和

醉情山水

悠闲自得

渔夫　　逍遥孤独

寂寞失意

渴望重用

【教学设计3】绘本教学渗透中华优秀传统文化教学设计

教学内容："小时候"中国图画书系列《跟着姥姥去遛弯儿》

设计撰写：哈尔滨市香安小学校　曲文娜

授课对象：四年级

【设计理念】

《跟着姥姥去遛弯儿》主要讲述的是北京儿童热闹而不失传统风味的夏日生活，通过讲述孩子和姥姥去遛弯的时候，看到和吃到的美食，从头伏饺子到二伏面、三伏的烙饼夹鸡蛋，到艾窝窝、豌豆黄儿、驴打滚儿，再到地安门的羊头肉、致美斋的大馄饨……我们嗅出了灵动而鲜活的京味文化，那跳跃在味蕾上、温暖在肠胃里的是那古老而缤纷的关于夏日的记忆。这些都是美好亲子生活的展示，让孩子们心驰神往。为了引导学生逐步感受浓浓的京味文化，我着力从以下几方面对学生加以引导：

1. 紧扣中心，凸显主线。

2. 紧扣文本，阅读感悟。

3. 补充拓展，感受文化。

【教学目标】

1. 阅读绘本，了解内容，感受快乐的童年时光。

2. 透过画面和文字感受其独特的审美价值和语言特点。

3. 借助绘本弘扬中华传统文化。

4. 在美食和亲情的指引下，激发对美好生活的热爱和向往。

【教学重点】

借助绘本弘扬中华传统文化。

【教学难点】

透过画面和文字感受其独特的审美价值和语言特点。

【教学流程】

板块一:谈话导入

同学们,这节课我们一起来读 一本书,书的名字是《跟着姥姥去遛弯儿》。

看到题目你有哪些疑问?

让我们一起,跟随着姥姥和小妞妞的脚步到书中去寻找答案吧!

板块二:初读感知

1.利用 PPT 讲故事。

2.整体感知。

故事中最吸引你的或者给你留下印象最深刻地方是什么?（好吃的）

看来所有的小朋友都是爱吃的,爱吃不是坏事,而是大大的好事。我也爱吃,一个人不管长到多大,说起家乡的美食总会眉飞色舞,沉醉其中,这大概就是一种乡情吧。

一起来回顾一下我跟着姥姥都去了哪些地方?

板块三:细读品味

1.看地图,说发现。（前蝴蝶页）

从古至今,中国人重要的节气里都有各种吃的习俗。“大暑”是一年中最热的节气。冬补三九,夏补三伏。“头伏饺子二伏面,三伏烙饼夹鸡蛋”,说的就是这入伏后的习俗。

【传统文化渗透】

a.“节气”是指二十四时节和气候,是中国古代订立的一种用来指导农事的补充历法,是中华民族劳动人民长期经验的积累成果和智慧的结晶。通过介绍,使学生感受到中国悠久的文化是与生活息息相关的。

b.“头伏”为什么要吃饺子呢?

因为饺子形似元宝,“伏”与“福”谐音,有“元宝藏福”的寓意(所以冬至/除夕也要吃)。饺子最大的优点就是方便,有荤有素,既是主食又是副食。家人团聚时多做几种馅,对于摄入营养的多样性更是锦上添花。

c.“二十四节气民间之食俗”,通过资料的补充让学生知道传统食物是每个节日或节气必须吃的,这些传统都是从古至今延续下来的,已经形成一种文化,值得我们继续传承下去。

2. "头伏"刚过,吃完饺子的胖妞儿正在胡同里玩着呢!

快看看! 那时,老北京的胡同什么样儿?

乍一看,北京的胡同都是灰墙灰瓦,一个模样。其实不然,每条胡同都有自己的故事,都有着传奇般的经历。

【传统文化渗透】

介绍北京胡同知识,包括历史起源、文化背景、神话传说、名人故事及景点等,它记下了历史的变迁、时代的风貌,并蕴含着浓郁的文化气息,好像一座座民俗风情的博物馆,烙下了人们各种社会生活的印记。促使孩子们对精神文化的需求不断增长。

3. 姥姥带着胖妞去了那么多地方,你最喜欢去哪? 说说理由。(随机点拨)

A. 隆福寺

a. 角色扮演,情景再现。

(感受北京话的儿化音现象,语调绵软的语言特点。)

b. 好吃的还真不少,你还吃过哪些北京的特色小吃?

补充图片资料:豆汁、扒糕、茶汤、炒肝、炸丸子、老豆腐等。

【传统文化渗透】

根据受众不同、厨师不同、民族文化根源不同。老北京的小吃大致可分为,满族宫廷小吃、回族清真小吃、汉族平民小吃。

满族宫廷小吃以仿膳最为著名,其中糕点类居多,如艾窝窝、芸豆卷、豌豆黄,用料精良考究,皇家品质。

回族清真小吃以北京著名回族聚居区牛街最为集中,以伊斯兰教规为原则,以牛羊肉类见长。如松肉、爆肚、烤肉。护国寺小吃店、烤肉季、爆肚冯、李记白水羊头,是北京小吃品种最多的一类。

汉族平民小吃以用料较为低价、平民化为特点。口味突出、刺激性强。如炒肝儿、卤煮火烧、灌肠儿,深得北京人的喜爱。

特别要说的是,北京小吃的代表之一 —— 豆汁儿,也属于清真小吃范畴。

体验重温京味传统饮食文化,感受北京小吃中的文化内涵

B. 后海、银锭桥

【传统文化渗透】

说说桥名的来历吧! 由于桥身中间大两头细,看上去就像倒扣过来的一只大元宝。桥体用汉白玉大理石砌成,体白如银,老百姓又管元宝叫作"锭",故得名"银锭桥"。传说晚清时候有位状元,在一个万里无云的秋日,站在桥上朝东北方向眺望,竟然透过后海茂密的柳荫看见了玉泉山! 他为这里题了四个字,

叫作"银锭观山"。

感受传统文化中的知识性和趣味性。

C. 地安门

D. 白塔寺

来到这样的大集,感觉怎么样?

【传统文化渗透】

各种各样的老北京的稀罕物件,什么兔爷、瓷器、皮影、纺织用具等等;有捏糖人的、有算卦的、有拉洋片的、有编织手工艺品的;最受欢迎的京韵大鼓、快板、吆喝表演,好不热闹。这里记载了历史的变迁、时代的风貌,彰显着老北京的特色。感受这里的非物质文化遗产。

E. 大前门、大栅栏

瞧!姥姥正带着胖妞吃老字号呢!(致美斋、月盛斋)

北京城的老字号还有好多,你知道哪些?

【传统文化渗透】

北京老字号不仅是一种商贸景观,更重要的是一种历史传统文化现象。

不到长城非好汉,不吃烤鸭真遗憾,使全聚德成为北京的象征。

而京城民间歇后语:

东来顺的涮羊肉——真叫嫩。

六必居的抹布——酸甜苦辣都尝过。

同仁堂的药——货真价实。

砂锅居的买卖——过午不候。

生动地表述了这些老字号的品牌特色。引导学生保护、传承、弘扬中华老字号。

4. 转眼"二伏"到,该吃炸酱面了!

出示"儿歌",读一读,说发现。

【传统文化渗透】

北京童谣是一种流传于北京地区的儿童歌谣,是儿童的启蒙老师,也是我国民族遗产中一束绚丽的花朵。在学生体验北京童谣所带来的成功和愉悦的同时,使学生进一步感受到中华传统文化的光辉灿烂,进而激发他们对中华传统的热爱之情。

5. 后蝴蝶页

有姥姥陪伴着的那些岁月,渐行渐远,像某个夏日的晚云,已经成了记忆中的古老风情画,然而那醇厚的"京味文化"却深深印在我们的脑海里。

板块四：总结升华

作者文字京腔京韵,浑然天成。我们跟着姥姥和小妞妞走进这本图画书,我们逛了北京的胡同,品尝了北京的小吃,走访了中华老字号,学唱了老北京的童谣……

老北京饮食品种和旅游景点的展示集中体现了作者丰厚的京味底蕴和浓郁的民间情怀。

北京自公元1121年建立以来,一直是历代王朝的都城或省会。公元1264年为忽必烈帝国的国都,1421年由明朝的永乐皇帝将它建成现在的模样。如今的北京,已不仅是历代王朝的都城或皇宫,而且成为中外闻名的大都市,成为世界人民云集的国际都会。

我们不妨在即将到来的暑假,也去遛一遛北京的夏天,尝一口夏天的味道吧!

【板书设计】

（路线图）

传承中华经典美食　传播中国优秀文化

【教学设计4】阅读教学渗透中华优秀传统文化教学设计

教学内容:人教版小学语文教科书四年级上册《长城》

设计撰写:哈尔滨市工农兵小学校 王越

授课对象:四年级

【设计理念】

语文教学是中华传统文化传承的有效载体,在现行的语文教材中,编者选取了不少负载着中国优秀传统文化的内容。教学中,我们从发掘教材所蕴含的优秀传统文化入手,帮助学生找寻文化之根,使学生在学习语文知识的同时,受到传统文化的熏陶。

【教学目标】

1.学习生字、新词;理解长城的气势雄伟和高大坚固;学习作者观察事物的方法。

2.指导学生图文对照,学习由远及近、由整体到部分的观察方法,培养学生观察能力和良好的观察习惯。

3.通过读文讨论,激发学生的民族自豪感和爱国主义情感。

【教学重点】

通过读文讨论,激发学生的民族自豪感和爱国主义情感。(教学目标力求体现知识、技能、情感的多元统一,挖掘《长城》这一篇课文中的科学和人文内涵。)

【教学难点】

在阅读中理解长城的高大坚固,感受长城的雄伟气势,体会作者表达的思想感情。

【教学流程】

板块一:激趣导入,整体感知

1. 板书课题:今天我们继续来学习《长城》一课。

2. 欣赏图片:学习课文前,我们先来欣赏长城的景观。

3. 谈感受:欣赏了图片,你有什么感想呢?

4. 激趣:长城——中华民族的象征,是中华儿女的骄傲。你能用课文中的一句话来评价一下长城吗?(学生说)这样气魄雄伟的工程,在世界历史上是一个伟大的奇迹。

【传统文化渗透】 "秦时明月汉时关",长城的建造历史已经历经两千多年,本课的教学从直观图片入手,结合教师的讲解,带学生走进历史的交汇处,激发学生的民族自豪感。

板块二:精读课文,加深认识

(一)齐读句子

1. 读:这样气魄雄伟的工程,在世界历史上是一个伟大的奇迹。

2. 质疑:从哪儿可以看出长城的气魄雄伟呢?

(二)再读课文,解决问题

1. 自由读1、2自然段,思考问题:从哪儿可以看出长城的气魄雄伟呢?

2. 交流汇报:

(1)长——远看长城,它像一条长龙,在崇山峻岭之间蜿蜒盘旋。这是一个(比喻句),把(长城)比作(长龙)。

理解"蜿蜒盘旋":随山势而走向——一万三千多里:这里运用了(数字说明),山海关在河北省,是长城的起点,嘉峪关在甘肃省,是长城的终点。长城经过了甘肃、宁夏、陕西、山西、内蒙古、北京、河北等省市,全长一万三千多里。

(2)(PPT第一自然段)齐读:你能读出这样磅礴的气势吗?

(3)过渡:远看长城如长龙,那么,近看长城,又有什么特点呢?

(4)高大坚固——建筑材料:巨大的条石、城砖筑成——宽:五、六匹马可以

101

并行——高大:两米多高的垛子——坚固:城台(屯兵和传递信息)、垛子、瞭望口、射口

3. 小结:学习了1、2自然段,你从中体会到了什么?(自由发言)

4. 齐读:把这种雄伟的气势读出来。

【传统文化渗透】"雄关漫道真如铁",这里的说明方法的运用体现了长城的雄伟壮阔,为后文感受劳动人民建造长城的艰难设下伏笔。既要有直观的欣赏,又要有语言文字的熏陶,感受长城的伟大与劳动人民的智慧。

(三)烘托高潮,体会情感

1. 过渡:站在长城上,踏着脚下的方砖,扶着墙上的条石,作者浮想联翩。谁来读读第3自然段(指名读)。

2. 作者想到了什么?(劳动人民)

3. 出示:站在长城上,踏着脚下的方砖,扶着墙上的条石,很自然地想起古代建筑长城的劳动人民来。

(1)此句在文中起了什么作用? ——承上启下。

(2)找出句子中的动词:站、踏、扶——说明作者已经身临其境到了长城。

(3)站在长城上,想起了(劳动人民),此时此刻,作者内心充满了对劳动人民的(热爱)之情。

(4)小结:对啊,作者被长城的雄伟气魄震撼了,民族自豪感与热爱劳动人民的情感油然而生。

4. (1)问:在没有火车、汽车、起重机的情况下,劳动人民是怎样搬运材料修建长城的? ——(一步一步地抬上陡峭的山岭)

(2)这可是两三千斤重的巨大条石呀,劳动人民是多么的艰辛呀。

(3)请读句子:多少劳动人民的血汗和智慧,才凝结成这前不见头、后不见尾的万里长城。

(4)思考、交流:

"多少"表示(无数)。

劳动人民为了修建长城付出了(血汗和智慧)。

"前不见头,后不见尾"突出了(长城之长)。

"才"在这里表示长城的建成是(很不容易的)。

这句话表达了作者(对劳动人民的无限赞叹)之情。

(5)小结:在如此落后的条件下,劳动人民却能修建出这气魄雄伟的、世界上独一无二的长城,你想对劳动人民说什么呢?(自由发言)

(6)让我们饱含对劳动人民的敬意,再读读这句话。(齐读)

（四）整体把握课文，升华认识

1.为什么说长城是世界历史上一个伟大的奇迹?（自由发言）在当时极其落后的条件下，劳动人民用自己的双手完成这工程浩大、气魄雄伟的长城,怎能不是一个伟大的奇迹呢?

2.请大家一起读这句话。

——这样气魄雄伟的工程，在世界历史上是一个伟大的奇迹。

【传统文化渗透】中国的文化与历史都是由劳动人民用自己的血汗交织而成,长城占据了庞大的空间的同时也亘古屹立在茫茫的中华古典文明之中。秦皇的传说,孟姜女们的眼泪成就了这座前不见头后不见尾的长城。所以这段教学,老师要站在历史时空的临界点上让学生感受到长城的伟大不仅来自于那"万里之巨",也来自于"千夫之力""万民之泪"。

板块三:总结

气魄雄伟的长城是劳动人民的血汗与智慧的结晶,是华夏儿女的骄傲,这真是一个伟大的奇迹呀。

板块四:课外拓展

1.搜集一些有关长城的故事、传说和图片资料,进行交流。

2.搜集我国的文化遗产资料,了解我国伟大的文化遗产,丰富自己的知识。

【板书设计】

长　城

观察长城 { 远景 / 近景

联想人民 { 血汗 / 智慧

赞美工程 { 雄伟 / 奇迹

第四章　案例与评析

案例与评析（一）　识字写字教学渗透中华优秀传统文化

教学内容：教育科学出版社小学语文教科书二年级上册识字一
案例撰写：黑河市第三小学　邹艳茹
案例评析：黑河市实验小学　孙艳红

【设计理念】

作为中华民族瑰宝，汉字已不仅限于记录语言、交流信息的书写符号，更是蕴含着民族情感和文化认同。它是中华文化传承的重要载体。

如何让小学生感受中华汉字的独特魅力，将识字写字教学做得更有效；如何让识字变得更加有味道，写字变得更加有情趣，一直是我校致力研究的课题。在实际教学中，我校立项的"归类集群识写结合教学模式的研究"以归类集群、字理识写的方式，将汉字的识写与汉字文化相结合取得了较为突出的成效。

本案例就是以小学二年级语文教科书上册识字一（3）为例，引领学生通过明字理促识写，使传统文化的教育与现代教学有机结合。本节课教学目标有三：

知识与能力目标：从汉字的构字特点入手认识一组带"包"的汉字，并会组词。

过程与方法目标：通过引领学生观察、模仿、练习；能正确、美观书写汉字；感受汉字的结构美。

情感态度与价值观目标：以多种方式激发学生学习汉字的兴趣，追根溯源了解中国汉字的演变过程，激发学生热爱祖国汉字的情感，感受祖国传统文化的博大精深。

【案例描述】

案例片段一：字理入手，激发识字的兴趣。

师：同学们，听说你们的知识特别的渊博，而且还有敏锐的洞察力，所以我想请大家猜一猜，这是什么字。

（课件出示：🐗）

生:猜测。

每个汉字就是一个故事。汉字的表意性,赋予了汉字强大的生命力,使之在历史的发展中不断演变与延续。在低年级教学中渗透字理识字不仅能激发学生学习汉字的兴趣,同时还有利于学生在汉字世界中运用汉字表意性这一功能,举一反三拓展其识字量。

如:在本节课中,教师以"🐗"呈现在孩子们的面前,让他们猜一猜这是什么字,学生在一次次的猜测中学习的兴趣被充分调动起来,继而课件出示:

【评析】教师以包字的演变向学生揭示了包字的本意:是母亲的肚子里有个孩子。而现在的包字是经过甲骨文、金文、篆文的演变后变成了现在的样子。这样以象形的符号唤起学生对字理的认知,不仅适合低年级学生的年龄特征,同时也让学生们感受到祖先造字的智慧。

将抽象的笔画符号化为一幅幅图画运用在识字教学中,这样讲"理"的识字,学生感受汉字神奇的同时,体会中国汉字的博大精深,不仅激发了学生认识汉字、了解汉字的欲望,也为进一步学习"包"的合体字做好了铺垫。

案例片段二:因义记形 体会汉字的魅力

（课件出多个带包的汉字。）

师:咱们先来认一认他们,不认识的字可以看拼音。

跑 抱 泡 饱 刨 雹 苞 炮

师:说一说你们是怎样认识这些字的,组个词。

生:抱,是用手去抱住;泡是把东西放在水里就叫泡……

【评析】在这一环节教者采用了因意记形、归类集群的识字方法,把带基本字"包"的汉字归类到一起,集中认识,以字理唤醒学生对新字的认知。通过说一说的方法,让学生把字的音与意、形相结合,从而有利于学生快速识记。

析形而索意,因意而记形,这样识字的方法易记、难忘。而且还能有效地避免混淆形近字。正如大学问家陈寅恪先生曾说:"凡解释一字,即是作一部文化史。汉字不是一种僵化的符号,她有生命,有温度,有情有义。它的一横一竖一撇中都蕴含着历史的大智慧。"作为教师,我们要给学生的,不只是单纯地认识

某个字,还要有汉字的文化内涵和审美意蕴,这是中华民族智慧的结晶。我们通过这种寻根溯源让学生去熟悉汉字的起源与演变,才会让学生越来越多地了解汉字,才能越来越深地感受延续在我们血脉中文化的力量。

案例片段三:指导书写,品味字中意蕴

本节课除了要引领学生完成识字任务外,还有一个训练点,那就是指导学生把本节课中出现的带有包字的合体字写好。如何完成这一训练任务呢? 老师是这样做的:从包字的基本笔画入手,引领观察、发现总结书写要点。以点带面由写好一个字向写好一类字过渡。教学流程为:

1. 复习"横折钩""竖弯钩"

师:认识了这些字之后我们还有一个新的任务,就是还要会写。写字之前我们先来复习两个基本笔画"横折钩""竖弯钩"的写法。

师:请大家伸出手来和老师一起书空。(师范写,生书空)

竖弯钩:下笔短竖,再圆转向右水平方向写横,收笔时向上方钩出。横折钩:下笔写横略顿笔后折向下,稍向里倾斜,到起钩处略顿笔向左上方起钩。

请大家把每个笔画写四个。

生:分别把竖弯钩、横折钩写四个。

师:请同桌之间互相评改。请在你最满意的笔画的右下角用"。"奖励自己,如果感觉自己写得不满意就在校正格里再练习写两个。

2. 学习包字的写法

师:复习了两个笔画,下面我们就来学习写"包"字! 首先我们来观察"包"字,怎样才能把它写好呢?

生:(生观察)竖弯钩要舒展,"包"字的撇外延了,竖弯钩也外延了,"巳"的横折在横中线上起笔……

师:同学们观察得真仔细,"包"这类字的特点是上盖下出,所以我们要注意笔画间的相互照应。

课件出示儿歌:上盖下出,相互照应。

师:下面请你伸出小手和老师一起来写包字,注意短撇直,横折在撇收笔处起笔,主笔竖弯钩要舒展外延。

师:下面请同学们练写四个。

生:练写。

师:同桌间互评,写得好看的字,我们在下面画个小圈,写的不合格的字,我们来帮他改一改。

师:同桌指出缺点后,我们再改正练写两个。

师：下面老师找几个同学到展台上展示。

师：同学们，用这些字来练习书写分类，可以使我们一节课能掌握很多字的写法，现在我们就根据"包"所在的位置给这些字进行分类吧！

生：（分类）"包"在右：跑、泡、抱、炮、袍、胞、饱；"包"在左：刨；"包"在下：雹、苞。

师：细心的同学会发现，"包"在不同位置时，字形会发生变化。

师：利用电脑的动画效果，挪动基本字"包"，与每一个字对比，学生根据老师动画的提示，进行总结。

生："包"在右：形稍窄；"包"在左：形变窄，竖弯钩收回来；包在下：形变扁。

……

【评析】

课上教师从复习两个基本笔画"横折钩""竖弯钩"的写法入手，关注笔画的书写。竖弯钩：下笔由重到轻，向右圆转收笔时向上方轻快钩出；横折钩：下笔写横由轻到重略顿笔后折向下，稍向里倾斜行笔略顿笔，向左上方轻快钩出。然后再练习写包字，最后引领学生观察包在不同位置字的结构和笔画的变化，及时地用歌诀的方式总结出书写的要点：如"包"字 是上盖下出，要注意笔画间的相互照应；"跑"字左窄右宽，左小右大，左低右高，足的竖与提外延；"包"的竖弯钩在回宫中要外延，"包"的撇穿插到口下；"雹"字，上部扁宽下舒展……每个字在教师的范写之后，总会让学生仿写四个。然后在自己最满意的字或笔画下面用"。"做上标记，或是把不满意的字在校正格里再练习写1个。

可以看出在教师设计的每一个教学环节中，无不渗透着对学生书写的提点。从基本笔画入手，引领观察指导书写，使学生眼、脑、手充分地调动起来，在一笔一画中去体会汉字构字美。

教师在指导中既关注写法，又关注学生的互评与自评。互评之后的写一写不仅仅是巩固，更是引领学生学后而思的过程，在反复的揣摩中去体会怎么把字写得美观，在自评和互评中感受汉字书写的魅力，去触摸汉字的艺术美。

正如书法教育家王正良先生所说："汉字作为象形文字，书写是它的生命。练习书写汉字就要从娃娃们抓起。要将对汉字文化的传承融入他们的修身养性、陶冶情操、提高审美之中。"

纵观此节课，教师以字理促识字，以规范书写推动学生对汉字结构与笔画的把握，让方块字在学生的眼中和笔下变得更加生动而富有情趣。这不仅有利于学生的识字能力的提升，也让孩子们在书写中有章可循，有法可依。

案例与评析(二)　语文综合性学习体悟中华优秀传统文化

教学内容:人民教育出版社小学语文教科书五年级上册《遨游汉字王国》
案例撰写:哈尔滨市铁岭小学　王婕嫱
案例评析:哈尔滨市铁岭小学　孙欣

【案例背景】

泱泱大国,文化精深,中华传统文化绵延五千年已成浩瀚汪洋之势。汉字,是传统文化的重要组成部分,是中华文化的精髓所在,我们生活中的一切都离不开汉字。随着现代信息技术的迅猛发展,网络充斥了学生的生活、学习,学生接受信息的主要方式逐渐被色彩明丽的图片、动画信息所取代。学生们渐渐觉得文字枯燥、无趣,对汉字的学习变得被动起来。五年级上册"综合性学习"——遨游汉字王国单元与学生的学习、生活联系紧密相连,为孩子们了解我国优秀的传统文化搭建了一座桥梁,为激发学生对汉字的热爱打开了一扇大门。

孩子们在此次语文综合性学习活动中先后体会了汉字的字谜之趣、汉字的谐音之趣、汉字之间的衍生之趣。《汉字的演变》形象地显示了汉字的演变过程,《甲骨文的发现》揭示了汉字悠久的历史和丰富的内涵,《一点值万金》体现了汉字使用的重要性,《街头错别字》揭示了生活中的错别字现象,《赞汉字》和《书法作品欣赏》分别用文字和图片的形式呈现了汉字之美,《我爱你,中国的汉字》表达了对汉字的赞颂,为整个活动进行了小结。

将学生们印象中枯燥的汉字学习置于丰富多样的教学内容中,从故事、图片、游戏等多种学习活动入手调动学生的学习兴趣,激发学生对祖国文字魅力的探索欲望。从文本到实践,从课内到课外,让学生在主观能动性的作用下,积极地投入到对汉字的学习中去是本节课我所力争达到的效果。

【案例描述】

案例片段一:谈话导入

师:我们平常看书、读报、写信、作文都离不开汉字。看,老师在黑板上就写了两个汉字,你们对汉字有哪些了解呢?

生:汉字是我们每天都能用到的。

(学生对汉字的了解仅限于此,在该生回答后学生们面面相觑,课堂变得沉默。)

师:看来同学们对汉字的了解不够全面,希望通过这节课的学习,同学们对汉字有一个全新的认识,首先请大家打开书第76页,我们来读一读关于汉字的介绍。

汉字的介绍:

1.汉字大约产生于四千多年前,它经历了漫长的演变过程,这其中有很多未解之谜。

2.汉字是世界上使用人口最多的文字,曾对日本、韩国等国的文字产生过重要影响。现在国外学习汉字、汉语的人越来越多。

3.汉字书法是一门独特艺术。古往今来,我国涌现了许多著名的书法家,他们的书法作品是艺术中的珍品。

师:同学们,通过书中简短的介绍,老师看出了你们的惊奇,不过这些呀仅仅是对汉字的初步了解,你们想不想更多地了解汉字?

生:想。

师:好,让我们一起遨游汉字王国,开展综合性学习,感受汉字的有趣和神奇,了解汉字文化,并为传播祖国文字做些力所能及的事吧。(板书课题"遨游汉字王国")

【评析】此处设计是本节课的导入环节,在此环节过程中可以发现学生对于汉字这一传统文化的体现形式并不了解。教师借助这样的导入环节可以了解学情,根据学情进行后面的教学行为。

案例片段二:整体阅读,感受汉字的神奇

师:首先,请大家一起走进课本第78—83页,让我们共同阅读"阅读材料1—4",感受汉字的神奇吧。

教师出示阅读要求。

师:认真阅读"阅读材料1—4",请你想一想这四则材料分别从哪个方面说明汉字是有趣的? 为什么说是有趣的?

学生阅读"阅读材料1—4",阅读后,就自己的想法在小组内进行交流。

学生汇报,教师点拨。

1.关于字谜:学生先独立猜出谜底,然后在小组内交流自己的想法,最后在全班汇报。

2.关于《有趣的谐音》:

师:课本中列举了几种有趣的谐音?

生:歇后语和笑话。

师:你能说出哪些字是谐音字吗?

3.关于《仓颉造字》:学生读完后,学生用自己的话讲一讲这个传说。

4.关于《"册""典""删"的来历》:学生读完后,同桌互相说一说这几个字是

怎么造出来的,然后说一说自己知道的其他汉字的来历。注意检查几个生字的读音。

师:除了上述四种有趣的汉字现象外,你还知道哪些有趣的汉字现象?

【评析】这一教学环节的设计充分做到了立足课堂,立足教材,充分挖掘教材的文化内涵,充分运用课堂教学策略,努力营造语文课堂的文化氛围,力求达到研究目的。

案例片段三:了解汉字文化

师:请你阅读"阅读材料1—7",具体地了解汉字的历史和文化吧。

教师出示阅读要求:

师:认真阅读"阅读材料1—7",想一想这7则材料分别是从哪些方面介绍汉字的历史和文化的?

1. 关于《汉字的演变》:先让学生观察,然后请学生说一说演变的过程,再另找一两个汉字的演变,让学生进一步体会中国汉字演变的规律。

2. 关于《甲骨文的发现》:先让学生自己阅读,然后请学生在小组内互相讨论。

3. 关于《一点值万金》:先由学生自读,然后互相交流一下读了这篇文章的感受。

4. 关于《街头错别字》:学生仔细观察课本中出示的街头标牌,说一说哪些字错了,并给予改正,然后对自己的作业本进行检查。(检查方式为自查,然后是同学互查。)

5. 关于《赞汉字》:学生自由读一读。

6. 关于《书法作品赏析》:学生仔细观察两种字体的不同,说一说各自的特点,然后教师再出示其他具有代表性的书法作品供学生欣赏。

7. 关于《我爱你,中国的汉字》:

(1)师:这是一篇很有感情的文章,让我们认真读一读,在遇到生字的地方多读几遍。

(2)学生自主读文章。

(3)检查课后生字表中生字掌握的情况。

(4)学生再读课文,注意将最能表达作者思想感情的句子画下来,多读几遍,认真体会作者热爱汉字的感情。

（5）指名学生朗读课文。师生共同评点。

（6）学生将文中自己喜欢的语句抄下来。

【评析】此环节设计强化了学生对优秀传统文化的认同，帮助学生通过一定途径的学习汲取中华传统文化的丰厚养料，积淀文化素养，提高人文修养，从而全面提高学生的语文素养，丰厚语文积累。

【案例评析】

1. 传统文化与综合实践活动的有机整合

这是一节综合性学习课，这样的课既保证了传统文化的知识性，又融合了综合实践活动，为学生创造了施展多种才能的机会，各种潜能可以尽情地发挥。这节课的设计特别强调主动学习、主体实践的教育价值，注重激发学生的主观能动性，通过学生亲身的活动和实践，变被动消极地学习为主动积极、富于创新地学习，使学习成为学生主体的自主活动。在学生主观意识的支配下，传统文化便自然融入于课堂学习之中，使学生受到熏陶。

2. 语文教学与传统文化熏陶的有机整合

传统文化是一个国家和民族的灵魂，小学生是民族的未来。这节课将传统文化教育融入日常语文教学课堂，学生在语文课堂学习中受到传统文化的熏陶，起到了润物无声的作用。

中国社会在向现代化转型过程中，许多优秀民族传统文化正在消失。随着外来文化的渗透，越来越多的孩子热衷于外来文化，越来越远离自己的传统文化，甚至对祖国的传统文化产生了冷漠感。如片段一呈现的课堂导入环节，教师提出的问题是"你们对汉字有哪些了解呢？"平日热闹的课堂瞬时变得沉寂，学生仅能说出汉字是平时所能用到的。可见用方块汉字传承的中华传统文化正面临危机，所以在语文教学中渗透传统文化教育，具有重大的现实意义和深远的历史意义。

3. 传统文化常规教学形式与活动的有机整合

中华传统文化带有鲜明的过去时代的烙印，它创成于本民族祖先，带有自己民族的色彩，值得后人重视、传承与发展。但是在孩子们的固有思维里，汉字的学习是枯燥无趣的。怎样使传统文化的渗透方式变得灵活，让孩子们主动去汲取传统文化的精华是课堂教学环节需要思考的。从这节课的教学设计片段二与片段三中的相关活动能够体现出来。如："猜字谜"、"歇后语"、欣赏"汉字的演变"、欣赏优秀书法作品等。丰富多样的环节激发了学生的学习积极性，孩子们积极地参与到课堂中来。这样的课堂参与度有效地保障了传统文化进校园、进课堂、进教材。

案例与评析（三） 古诗词教学习得中华优秀传统文化

教学内容：人民教育出版社小学语文教科书四年级下册《古诗三首》
案例撰写：哈尔滨市铁岭小学 杨蕾
案例评析：哈尔滨市铁岭小学 齐英

【案例背景】

中国是具有五千年文化传统的文明古国，中华文化源远流长。从古至今，优秀的传统文化如一条涓涓流淌的河流，滋养了无数华夏儿女，成为我们宝贵的精神财富。作为传统文化必不可少的一部分，诗词是汉语言的高度凝练与升华，是用来叙事、言志或抒情的一种文学艺术形式。当今的语文教学应该充分利用现代多媒体手段，全方位、多角度地解读古诗词，使学生了解中华传统习俗、价值观念和社会风情，从而积极地学习、传承和发扬传统文化。

四年级下册《古诗词三首》单元的综合学习实践活动的目的就是利用多媒体教学手段，从视、听、说三方面入手设计紧凑合理的教学环节和丰富多彩的教学活动，对课本上三首古诗词进行细致的讲解和分析。同时，把《中华国学经典·小学生学本》中的诗词作为课堂补充材料，让学生诵读和赏析。力求通过这种全方位的教学手段，使学生掌握古诗词的一些基本概念和知识，学习中华优秀的文化传统，陶冶艺术情操，弘扬民族精神。

【案例描述】

案例片段一：回顾、赏析、讲解、分类

师：大家有没有看过"中国诗词大会"这个电视节目呀？

（学生给出肯定的回答）

师：大家喜欢观看这样的节目，说明你们都很熟悉我们中国古代的诗词，它是我们中华传统文化的瑰宝。谁能背诵一首古诗词给大家听？

（学生积极响应，纷纷举手发言）

生：《登鹳雀楼》，作者：王之涣。"白日依山尽，黄河入海流。欲穷千里目，更上一层楼。"

师：背诵得很好！这首诗前两句写景，后两句写意，把哲理与景物融为一体，表达了勇于探索和无限进取的人生态度，千百年来一直激励着中华民族积极向上。

生：《望庐山瀑布》，作者：李白。"日照香炉生紫烟，遥看瀑布挂前川。飞流直下三千尺，疑是银河落九天。"

师：不错！这首广为传诵的千古名篇，描绘出了庐山瀑布的壮观气势，抒发了诗人热爱祖国山川的豪情。

生:《闻官军收河南河北》,作者:杜甫。"剑外忽传收蓟北,初闻涕泪满衣裳。却看妻子愁何在,漫卷诗书喜欲狂。白日放歌须纵酒,青春做伴好还乡。即从巴峡穿巫峡,便下襄阳向洛阳。"

师:很棒!这是爱国诗人杜甫的名作。诗中前半部分写了诗人一家在听到安史之乱结束的消息后的欣喜若狂,后半部分抒发了诗人急于返回故乡的欢快之情。

生:《送杜少府之任蜀州》,作者:王勃。"城阙辅三秦,风烟望五津。与君离别意,同是宦游人。海内存知己,天涯若比邻。无为在歧路,儿女共沾巾。"

师:这首送别诗中的名作,并没有描写送别友人时的悲伤心情,反而抒发了作者豁达的胸怀和高远的志向。

师:大家把这些古诗名作背诵得很棒,发音标准,节奏韵律感强。如果能够在充分理解古诗内容的基础上,带着相应的感情来背诵,就更完美了!大家注意到了没有,你们背诵的这些古诗有什么不同?

生:长短不一,有四句的,也有八句的。

生:每一句诗的字数也不同,有五个字的,也有七个字的。

师:没错。这是最常见的古诗的分类,八句的叫作"律诗",四句的叫作"绝句"。每句五个字的叫作"五言",七个字的叫作"七言"。比如,刚刚大家背诵的《望庐山瀑布》就是七言绝句,《送杜少府之任蜀州》就是五言律诗。现在,请大家打开书第2页,我们一起来看看今天要学习的这两首古诗应该怎样分类呢?

生:《独坐敬亭山》是五言绝句,《望洞庭》是七言绝句。

师:正确。看来大家对常见的古诗分类已经掌握,我们继续看第3页的一首词。大家注意到"诗"和"词"有什么区别吗?

生:"词"每一句长短不一。

师:没错。中国诗起源于先秦,鼎盛于唐代;而中国词起源于隋唐,流行于宋代。就是我们常说的:"唐诗宋词"。"词"最初是合乐的歌词,句的长短随词调而改变,词调的名称叫作"词牌"。有的词牌和词的内容有关,如这首白居易的《忆江南》,内容是回忆江南的风景和生活。但后人依据《忆江南》这个词牌填词时,内容不必与江南有关。这样看来,词牌仅仅表示一种曲调而已。

【评析】通过师生互动的方式,鼓励学生回顾以往学过的古诗,并结合诗的具体内容对诗的叙事、抒情、言志等功能进行分析讲解,力求使学生理解诗人写诗的真正目的以及诗所表达的深刻含义。此外,根据学生所提供的具体实例,对于古诗的最常见的两种类型(绝句和律诗)加以说明,并通过对诗词进行简单

的比较,使得学生对于词的起源和形式有了基本的了解。这些基础知识的介绍,既可以巩固和丰富学生的文学知识,又能够促进他们从更高的文化层面来欣赏中国诗词。

案例片段二:全方位学习三首古诗词,体会诗词的美

师:现在,我们开始学习三首古诗词。首先,请自己大声朗读,并试着体会诗词所表达的内容是什么,然后跟同桌就此进行一个讨论,看看你们的理解是否一致。

(学生们开始朗读和讨论)

师:大家讨论得很热烈,想必每个人对这两首诗和一首词都有了自己独到的见解,谁愿意跟我们大家分享一下自己的看法呢?

(学生纷纷举手发表自己的看法)

师:大家的见解都很独到,但是要注意对《独坐敬亭山》中的"相看两不厌,只有敬亭山"的理解。有的同学的理解有偏差,应该是"互相看着,你看着我,我看着你,彼此之间两不相厌,只有我和眼前的敬亭山了",这是一种拟人的修辞手法。正如大家所说,这三首诗词都是借景抒情,《独坐敬亭山》是李白抒发自己的孤独和怀才不遇,在自然风光中寻求精神寄托;《望洞庭》表达了诗人对洞庭湖风光的喜爱和赞美之情,用了比喻的修辞手法;《忆江南》是诗人饱含深情对江南美景和往事的追忆。现在,我为大家播放三首诗词的视频讲解,请大家认真观看画面,仔细倾听讲解,模仿朗诵方式。

(教师播放多媒体课件,学生观看并练习有感情地朗诵。)

【评析】鼓励学生根据自己所掌握的诗词方面的知识和课本上的注释来理解课本上的三首古诗词所表达的思想内容,并以交流、探讨的方式与其他同学进行互动,分享自己的独到见解。教师对学生的观点加以点评,肯定他们敢于发表个人见解的勇气和自信,同时对于他们理解上有偏差的地方加以纠正。从修辞手法和思想内涵方面解读三首诗词,使学生深入了解诗人的为人处事准则、优秀的思想品质和高尚的道德情操,这些都是我们中华传统文化的精华。通过这种文化熏陶,可以培养学生的文化素养,从而传承优秀的传统文化。最后,利用多媒体课件进一步巩固学习内容,使学生全方位欣赏古诗词的韵律美和画面美。

案例片段三:课外知识补充,拓宽学生视野

师:刚刚学习的这三首古诗词都是借景抒情的名篇,现在我们再来补充学习一首。大家打开《中华国学经典·小学生读本》第 42 页,这是白居易写的《钱塘湖春行》,谁能告诉我这首诗属于什么类别?

生:七言律诗。

师:非常棒,现在请大家有感情地大声朗读。

(学生朗读,教师巡视并指导)

师:古典诗词之所以广为传诵,是因为它们语言用词美、意境情感美、节奏韵律美。其中,韵律美极其重要。如果一首诗词不具备流畅的韵律,那么它的美感会大打折扣。现在我们来说一说作为小学生,该如何欣赏古典诗词的韵律美。首先,我们要知道什么是"押韵"。"押韵"是指在诗词创作中,在某些句子的最后一个字,使用韵母相同或相近的字,使朗诵或吟唱时,产生和谐感,也就是我们所说的"顺口"。比如:《独坐敬亭山》中,押韵体现在"闲""厌"和"山"三个字上;《望洞庭》中,押韵体现在"和""磨"和"螺"三个字上;《忆江南》中,押韵体现在"谙""蓝"和"南"三个字上。现在大家看看,《钱塘湖春行》这首诗中,句末的哪些字押韵?

生:"西""低""泥""蹄"和"堤"五个字押韵,都使用了韵母"i"。

师:对,正是这五处押韵,使得整首诗具有独特的韵律美。以后大家在学习古诗词的时候,要注意赏析它的韵律美。

【评析】结合课本上的诗词内容,进行课外知识的拓展和补充,从"押韵"入手,进一步教会学生如何欣赏诗词的用词美、意境美和韵律美。正是我们五千年厚重的传统文化孕育出了独特优美的语言文字系统,才创造出了这么多千古流传的优秀诗词作品。

案例片段四:联系传统文化习俗,复习学过的内容

师:古诗词反映了诗人所处时代的社会生活和文化习俗。所以,我们通过学习古诗词,可以了解到很多传统文化习俗的起源和发展。现在请大家想想,我们都学过哪些反映中国传统文化习俗的古诗词呢?

生甲:王维的《九月九日忆山东兄弟》——重阳节。

生乙:杜牧的《清明》——清明节。

生丙:王安石的《元日》——春节。

生丁:杜牧的《秋夕》——七夕节。

师:这些中华传统的节日习俗,是我们民族情感和智慧的结晶,我们要学习和传承下去!

【评析】结合传统节日习俗,渗透传统文化观念。传统文化涵盖方方面面的内容,包括社会生产、社会制度、社会习俗、传统节日等等。诗词教学要从这些基本内容入手,拓展学生的知识和文化空间。学生学习和掌握这些知识的过程,就是对传统文化的接纳和传承。

【案例评析】

传统文化是中华民族的宝贵精神财富,它内容丰富多样,包括优秀的哲学思想、完善的伦理道德体系、杰出的文学艺术作品等。传统文化教学应该作为语文教学的灵魂。语文教学不是单纯地讲授课本上的内容和字、词、句、语法等知识点,而是要高屋建瓴,在传统文化这个大框架中,把所有知识点系统有机地串联和建立起来,使得传统文化教学潜移默化、巧妙地渗透进日常语文教学过程中。这就需要教师从教学内容的选择、教学理念的更新、教学方法的改革等方面入手,精心设计教学过程和教学活动,力求传承优秀传统文化,弘扬民族精神。

1. 多媒体教学课件的使用使得原本枯燥的诗词教学变得有声有色

本次课是学习三首古诗词,教师课前认真准备了丰富多彩的演示课件,集趣味性和知识性于一体,全方位展示了所学诗词的意境和内涵,使得学生既能轻松理解诗词所表达的丰富内容,又能获得视觉和听觉方面的感悟和享受。同时,经过教师的文化解读,他们对中国古诗词的语言美、意境美、韵律美、情感美有了切身的感受。

2. 鼓励学生积极地探索诗词内涵,进行创新性思维

设计各种课堂活动,充分发挥学生的主动性、创造性和合作精神。鼓励大胆地表达个人见解,积极和同学探讨交流,在头脑风暴和思想碰撞的过程中,加深对所学知识的理解。及时表扬学生的创新性思维并纠正他们理解上的偏差。这样,语文课堂教学才能真正做到以学生为中心,学生成为学习的主体。而教师的作用就是组织、监督和协调,确保教学顺利有序进行,达到预定的教学目标。

3. 注重新旧知识的衔接

以学生已有的学习经验和积累的相关知识为基础展开诗词教学。鼓励学生回顾以前学过的古诗词,在讲解旧知识的基础上,引入新知识,使得知识的输入水到渠成。学生可以利用已有的经验自行把古诗词进行分类和比较,教师只需加以引导和总结,这样可以巩固和加深学生的诗词基础知识,拓宽他们的视野,提升语文素养。

4. 课内课外知识的有机结合,拓展了授课内容

课外补充材料的灵活使用,与课堂教学巧妙地结合起来,形成一个有机的整体,为课堂教学输入了新的内容。语文教学从课内延伸到课外,课内外知识融会贯通,拓展了学生语文学习的空间和想象力,扩大了学生的知识面,有助于巩固和补充课内知识,培养学生良好的阅读习惯,这是切实提高学生语文综合

素质和能力的必要途径。

5.诗词教学与传统文化教学同步推进,相辅相成

结合诗词的叙事、抒情和言志的功能进行传统文化的教学,在诗词的学习和赏析中渗透进对中华传统文化习俗的分析,体现出语文教学的社会功能:既要发挥语言文字的"工具性"作用,更要推广和传承优秀的传统文化,对学生进行人文素质教育,培养他们的审美情操和家国情怀。党的十八大以来,习近平总书记多次论述中华优秀传统文化的思想内涵、道德精髓、现代价值和传承理念。作为人民教师,我们要顺应时代的发展和社会的需求,积极弘扬优秀传统文化,培养学生正确的传统文化观,使他们受到传统文化的熏陶和浸染,成为中国优秀传统文化的合格传承者和弘扬者。

案例与评析(四)　班本课程彰显中华优秀传统文化

教学内容:班本课程《古代文化名人研究——苏东坡》
案例撰写:黑河市实验小学 王玉娟
案例评析:黑河市实验小学 孙艳红 吴星丽

一、问题的提出

中华民族优秀传统文化是世界宝贵的文化遗产。黑河实验教育集团以"国学立人 多元发展"为办学特色,实施经典诵读工程,积极传承中华优秀传统文化。传统文化是五千年经验的累积,站在巨人的肩膀上,我们能看得更高。依托校本课程"国学立人"的理念,实验小学六年六班研发了班本课程——《古代文化名人研究——苏东坡》。苏轼,在中国文学史上,如一颗璀璨的巨星,光耀千古。苏轼具有较强的艺术兼容性,诗、词、文、赋、书法、绘画都取得了非凡的成就,被誉为"百科全书式的文化巨人",可以说是近千年才出一个的文学奇才。苏轼在总体成就上实现了对同时代文人的超越,成为最受后代喜爱的诗人。然而,这样一位令人敬仰的大文豪,一生中却备受排挤,屡遭贬谪。那么,苏轼是以什么样的心态来面对人生坎坷的呢? 在人生的不同阶段,他在文学上又有何成就呢?

二、研究目的

研发班本课程的主要目的是使学生对苏轼进行更深一层的了解。通过这次班本课程研究可以使学生对苏轼有全面立体的认识,学习他乐观豁达的精神,并把苏轼的文学贡献进行有效传承,打开学生通往宋词研究的路。

三、课程目标

1.全面了解苏轼其人。通过阅读《苏东坡传》等相关书籍，了解苏轼的生平、思想和艺术，理解苏轼诗词创作与其人生经历的关系。

2.吟诵苏轼诗词。初步掌握诗词的鉴赏方法，对比了解苏轼词的种类及历史地位。以苏轼为突破口，进而探究宋朝其他著名词人的作品，揣摩宋词的意味，感受中国诗词的美好，传承中华优秀传统文化。

3.研究成果展示。通过创意写作、吟诵比赛、微本创作及表演、专题研究、撰写小论文等多元化的学习内化国学经典，深入苏轼的灵魂，以此来映照学生自身的成长。

四、课程实施过程

第一模块：了解东坡的生平，感受他起伏跌宕的人生轨迹

1.阅读林语堂《苏东坡传》，了解他的一生。

做法一：利用微信平台，师生共读，一起学习，打卡记录阅读轨迹。

做法二：合作探究学习。小组合作，绘制思维导图，如：绘制苏东坡的三起三落思维导图发现苏东坡被贬得一次比一次远，一次比一次惨；绘制苏东坡的创作曲线发现他的创作高峰在黄州；绘制苏东坡美食索骥图，发现苏东坡每到一处都能发现美食。

做法三：上《苏东坡传》读书汇报课。

2017年暑假，我们的这节读书汇报课在爱辉区电视台与黑河市普希金书店打造的《书香课堂》栏目进行展示。

【评析】师生共读有碰撞，有生成，提供良好的平台给学生创造了展示读书积累的机会。

第二模块：读《苏东坡文集》，诵苏轼诗词，通过经典诗词感受苏词的豪放、乐观

操作方法：

每一首诗词都要确立学习目标，每学一首东坡诗词，我都要写一段或短或长的文字，也指导学生们写鉴赏文字。当然要从最简单的诗词改文开始，随着研究的深入可以糅合自身感悟。

诵读篇目列举：《卜算子·定慧院寓居作》《出道黄州》《定风波》《临江仙》《江城子》《水调歌头》《念奴娇·赤壁怀古》《蝶恋花》《永遇乐》《密州出猎》《寒食二首》《猪肉颂》《食荔枝》《食蚝》《六月二十日夜渡海》《题金山自画像》……

【评析】读不尽的历史,看不尽的人生,一首诗词,一种心情,慢慢品来,自有思绪万千。只有懂诗人,才能更懂他的诗。学生研究了苏东坡的生平,再研究、背诵他的诗词就容易理解多了。

第三模块:主题研究

通过阅读《苏东坡传》和诵读苏东坡诗词不难发现苏东坡是一个乐天派,爱美食、爱交友、爱创作、能看病、会画画、练瑜伽,无所不能,无所不精,简直是百科全书式的人物。这样,学生可以根据自己的喜好进行主题研究。

学生感兴趣的主题研究:1."吃货东坡";2."苏东坡损友团";3."苏东坡铁杆粉丝";4."苏东坡朋友圈";5."与苏东坡有关的成语";6."苏东坡书画欣赏";7."苏东坡水利工程系列";8."苏东坡的佛界朋友"……

2017年10月19日,五名学生登上实验大讲堂,与同年组的学生分享他们的主题研究成果。

【评析】苏轼的成就不局限于文学,他在书法、绘画等领域内的成就都很突出,对医药、烹饪、水利等技艺也有所贡献。通过主题研究,加深了学生对苏轼的进一步了解,使他们更加喜爱这位充满智慧、乐观、豁达、热爱生活、多才多艺的大学问家。

第四模块:成果展示

1. 苏东坡诗词吟诵比赛,通过吟诵感受诗人的潇洒快意。

2. 以实验小学"国学文化艺术节"为契机,引导学生撰写研究苏东坡小论文,以文来承载学生的思考。

3. 主题微剧创造及表演。在深入学习和丰富积累的基础上,学生创编主题微剧《乐观达人苏东坡》,进行研究成果汇报。

【评析】在诵读苏东坡诗词中传承经典汲取营养,通过表演体验苏东坡丰富的人生,跨越千年与东坡精神来一次活泼地碰撞,学习苏东坡乐观豁达的精神。

第五模块:延伸课程

以苏东坡为突破口,延伸成宋词课程。因为宋代是自由唯美的时代,标配的文学形式就是宋词。北宋王朝,词人辈出,文学奇葩,争相绽放。"富丽闲雅"晏殊,"清新婉丽"晏几道,"弱柳扶风"李清照,"咏絮才女"谢道蕴,"天抹微云"秦少游,"露花倒影"柳三变……写出了多少千年不朽的诗篇。让学生去探究更多的文人,了解更多的宋词,感受中国诗词之美,进而传承中华优秀传统文化。

【案例评析】

中小学是中华优秀传统文化教育的主阵地。习总书记说:"优秀传统文化的传承要从娃娃抓起,从学校抓起,做到进教材、进课堂、进头脑。"兴趣是最好

的老师。中华优秀传统文化博大精深，教师在日常教学中引导学生找到兴趣点，引领学生主动开展探究，主动传承，会取得事半功倍的效果。黑河市实验小学的教师立足"国学立人"办学特色，从"师生共读一本书"活动入手，把中华优秀传统文化教育融入班本课程的研究之中，取得了显著效果。六年六班班本课程《古代文化名人研究——苏东坡》就是其中之一。

2017 年，中共中央办公厅、国务院办公厅印发了《关于实施中华优秀传统文化传承发展工程的意见》，提出中华优秀传统文化传承发展的主要内容有核心思想理念、中华传统美德、中华人文精神三个方面。而在苏轼身上，正蕴含着令无数读者吟咏不尽的传统文化内涵。《古代文化名人研究——苏东坡》班本课程的开发，让学生由研读与之有关的作品，到背诵积累苏东坡的诗词，以致深入探究他本人的方方面面，进而被感召，感受他光照千古的人格魅力，这对学生的精神成长有着不可预估的影响力。

通过此项班本课程研究，学生获益的不仅仅是文学素养的提升，团结合作能力的培养，更为难得的是苏轼率真、豁达、乐观、积极向上的人生态度潜移默化地影响着学生性格的形成。学生由此进入了一个闪耀着文学光芒和人格魅力的世界。经过一年的课程研究，这个班级的孩子不会止步于班本课程结束的那一刻，他们在课程研究的过程中已形成问题意识，研究意识，对苏轼一心为民的情怀，超然物外、达观豁达的人格魅力心生向往。课程的拓展延伸定会引导学生横向对比研究宋词文学成就及优秀词人，欣赏宋词的美，感受中国诗词的魅力。

国学立人，课程立人。依托校本课程开展的班本课程，以班为本，全员参与，在共同的学习与探索过程中形成了自己班级的独特文化。无论是品读苏轼的诗文，研究苏轼的美食，赏鉴苏轼的书画，了解其跌宕起伏的政治人生，撰写与之相关的小论文……都会收获知识的增益、文化的熏陶、人格的滋养。这就是苏轼的魅力，这也是传统文化的魅力。

附：班本课程研究成果之一——主题微剧剧本

主题微剧《乐观达人苏东坡》

剧本创作：黑河实验小学 王玉娟

（旁白）在一千多年前的宋朝，有一个人名叫苏轼，二十二岁进士及第。1061 年在凤翔府任判官一职，1071 年，王安石任宰相，因苏轼反对变法请辞外放。此后，八九年间，苏轼分别在杭州、密州、徐州，任太守。每到一处，他都能撸起袖子加油干，成为政绩卓著的地方官员加靠谱的水利工程师。1079 年，他奉命调任湖州,在他到任后的谢任奏章中,有些话让朝中政客受不了,引来乌台诗案,苏轼除夕出狱,被贬黄州。

第一篇章 被贬黄州

（场景:黄州定慧院）

家人:这人生地不熟,也无个安身之处啊!

苏轼:前边有个破庙,

家人:是定惠院

苏轼:我们就在这先住下来吧!

苏轼吟诵《定惠院寓居所作》(夜深人静):

缺月挂疏桐,漏断人初静。

谁见幽人独往来,缥缈孤鸿影。

惊起却回头,有恨无人省。

拣尽寒枝不肯栖,寂寞沙洲冷。

众:真惨啊!

徐太守:看你如此困难落魄,给你块地种吧!

苏轼及家眷:多谢徐大人了!

（场景:黄州东坡）

苏轼:某现在种稻,劳苦之中亦自有其乐。我种地,夫人养蚕织布,勉强度日。

(旁白)因此,他自号东坡居士,苏东坡诞生了。

（场景:黄州集市）

苏:自笑平生为口忙,老来事业转荒唐,长江绕郭知鱼美,好竹连山觉笋香。

众:吃货。

肚子里没有油水了,买点肉吃去!

苏:老人家,给我来二斤羊肉。

屠夫:好嘞! 二两纹银。

苏:这么贵? 可要了亲命了。

屠夫:那你就来点猪肉吧,贼拉便宜。

苏:多少钱一斤?

屠夫:一文钱二斤。

苏:给我来十斤!

众:《猪肉颂》。

121

（场景：苏轼家中）

苏：（拿碗）没有什么烦忧是一碗东坡肉解决不了的，如果有那就再来一碗！

苏：笔墨伺候，我要发个朋友圈！推广一下我发明的美食——东坡肉。

众：看来这小日子过得挺滋润啊！

苏轼：滋润什么？你只知其一不知其二啊！自我来黄州已过三寒食，没有达到小康水平呢！

众：诵《寒食诗二首》：

自我来黄州，已过三寒食，年年欲惜春，春去不容惜。今年又苦雨，两月秋萧瑟。卧闻海棠花，泥污燕支雪。闇中偷负去，夜半真有力。何殊病少年，病起须已白。春江欲入户，雨势来不已。小屋如渔舟，蒙蒙水云里。空庖煮寒菜，破灶烧湿苇。那知是寒食，但见乌衔纸。君门深九重，坟墓在万里。也拟哭涂穷，死灰吹不起。

苏轼写毛笔字——《寒食帖》。

苏轼：哎，莫听穿林打叶声，一蓑烟雨任平生吧！

（旁白）黄州是苏东坡苦难生活的开端。黄州也成就了苏东坡。苏东坡的伟大之处就在于他总是努力地去寻找解脱的方法，黄州四年多，他躬耕东坡，流连山水，泛舟赤壁，修身养性，过上了激情创作的田园生活。

（场景：徐太守府中）

手下汇报给徐太守：大人不好了！听说苏东坡跑了！

徐太守：怎么可能？

手下：大人，不信您看！

众：诵《临江仙》：

夜饮东坡醒复醉，归来仿佛三更。

家童鼻息已雷鸣。

敲门都不应，倚杖听江声。

长恨此身非我有，何时忘却营营。

夜阑风静縠纹平。

小舟从此逝，江海寄余生。

手下：您瞧，都"小舟从此逝，江海寄余生"了，那一定是跑了呀！

（旁白）于是太守带众人来到苏东坡的住所。

（场景：苏东坡家中）

苏东坡正在投入地读书。

徐太守：您不是到别处隐居了吗？

苏轼:何以见得?

徐太守:这不您发的朋友圈吗?

苏轼:哈哈哈,你可知晓,小隐隐于山,大隐隐于市,我心已超然,归去,也无风雨也无晴。

(旁白)公元 1083 年,也就是四年后,太后辅政对苏轼大加提拔。他返回京城一路逆袭开挂,最高官至翰林学士知制诰(类似今天的中央办公厅主任)。十年过后,太后一死,政敌马上又用文字狱的老套路把他贬往岭南惠州。

苏东坡被贬到惠州,在此地的生活十分困苦。但他并不被困难所打败,还是那个没心没肺的"乐天派",苦中取乐,生活还是十分快乐的!

第二篇章 被贬惠州

(场景:惠州街市)

苏轼:老人家,我要买点羊肉吃!

商人:苏大学士,您来晚了,没有羊肉了!

苏轼:那我明天再来吧!

商人:明天再来也没有!

苏轼:怎么讲?

商人:全城一天也就只杀一头羊,好肉全供给官府了。

苏轼:哎,不敢与官者争买呀!这样吧,您把这羊骨头卖给我吧

商人:骨头有什么吃头,上边也没肉了!

苏轼:我自有用处!

(场景:苏轼家中)

家人:肉买回来了吗?

苏轼:买回来了,给。

家人:这哪是肉啊?一堆羊骨头嘛,赶紧扔了喂狗吧!

苏轼(夺过肉):看我的。来来,先去煮熟了它。

家人:煮了也没肉!

苏轼:快去,快去!

家人:煮好了!

苏轼:不错,拿点盐和酒来!去,再放火上烤一烤!

家人:真麻烦!

苏轼:好吃,不是吃货!会吃,懂吃才配得上吃货这个名号。

家人:咦,什么味道,

苏轼:怎么样?羊骨头瞬间变美食吧!

家人：好香啊！

苏轼：来来，快吃吧！好吃吗？

家人：好吃！真是吃货如你啊！

苏轼：笔墨伺候！我要给朋友写信，把这美食分享给他。

众：又发朋友圈！

苏轼：吃饱喝足，游游春吧！

苏轼：罗浮山下四时春，卢橘杨梅次第新。咦？这是什么？

荔枝商人：大人，本地人管他叫荔枝。

苏轼：荔枝？

荔枝商人：是的。

苏轼："一骑红尘妃子笑，无人知是荔枝来。"这就是杨贵妃最爱吃的那个荔枝？

荔枝商人：正是！

苏轼：这是在北方的皇上，也不能轻易吃到的好东西啊！好东西！笔墨伺候！

日啖荔枝三百颗，不辞长作岭南人。

众：又发朋友圈。

（旁白）这首诗被有心人传到了章惇手中。

（场景：宰相府中）

章惇：（接过书信，看了一会儿，恶狠狠）哼，好你个苏东坡！生活过得挺滋润啊！把你贬到惠州还不老实，竟然还在这给我晒朋友圈，看我不把你扔到更远的地方去！看你还能不能嘚瑟起来！哼！

章惇：来人！

手下（章）：在！

章惇：将苏轼贬至儋州！

手下（章）：是，大人！

（场景：苏轼家中）

传圣旨：奉天承运，皇帝诏曰：苏轼听旨，责授琼州别驾，昌化军安置，不得签署公事。钦此！

苏轼：琼州别驾!？章惇啊章惇，本是好朋友，相煎何太急啊！

（旁白）就这样，苏东坡又被曾经的挚友章惇贬到了天涯海角——儋州，日子就过得更穷酸，更艰苦了。

苏轼：儋州，远在天边，此去凶多吉少啊！苏过，你陪我走一趟吧，咱爷俩路上还有个照应。

苏过:儋州,这是个什么地方?

众:告诉你们,就是现在的海南岛。晚风轻拂南海湾,白浪逐沙滩,还有椰林缀斜阳,全是一片海蓝蓝。哈哈,满满的海边度假风嘛!

苏轼:去去去。那是1000年以后。我饱读诗书,学富五车,怎能不知道那海南是食无肉,病无药,居无室,出无友,冬无炭,夏无寒泉的不毛之地呢!琼州别驾,不得食官粮,不得住官舍,不得签署公文,这相当于满门抄斩啊!

众:啊? 这么严重?

第三篇章　被贬儋州

(旁白)就这样,苏东坡垂老投荒到了海南,登岛之后,吃饭更是个大问题,天之涯,海之角,北船不到米如珠。

(场景:儋州苏轼住所)

苏轼坐在躺椅上晒太阳。

苏轼:你好,春梦婆!

春梦婆:苏大学士,晒太阳呢?

苏轼:正是,正是!

春梦婆:看你有气无力的样子,是不是饿得站不起来了!

苏轼:我在练瑜伽呢!吞咽阳光足以充饥!

春梦婆:哈哈,这样练离死不远了喽!

春梦婆:自从苏大学士来到我们儋州就办起了学堂,教我们学习四书五经、天文地理及做人之道,为我们做了多少好事啊!现在我们的苏大学士吃不上饭了。咱们能袖手旁观吗?

众:不能,不能,送蔬菜。

苏轼:(看着渔民送来的食物发现一个好吃的)海南万里真吾乡啊!这是什么?

渔民:打鱼时和鲍鱼海参一起捞上来的,叫牡蛎。不值钱,你可以煮煮吃。

苏轼:味道鲜美,天上极品。苏过,笔墨伺候!

众:又发朋友圈!(大屏出示一首《食蚝》)

(场景:宋朝皇宫)

太监:太后驾到!

大臣:太后,苏轼又发朋友圈了?

向太后:说些什么?

大臣:他说:"他年谁作地舆志? 海南万里真吾乡。"

向太后：他还乐不思蜀了？

大臣：是啊，苏轼在海南儋州的三年里，不但没有受困于仕途的挫折与现实的窘迫，反而笔耕不辍，创作成果丰厚；太后您看，这是他在海南的三年里所作的 100 多篇诗词，70 多篇杂记和题跋，40 多篇书信，10 多篇史论，56 篇和陶之作，还有——

向太后：好了，好了，你们这些东坡迷呀，这些我也看了！

众：太后也是东坡迷！

大臣：苏东坡还不遗余力地向当地百姓传播中原文明，在海南办学堂，教四书五经，中庸大学。

向太后：让他作教书先生真是可惜啦！哲宗年少，我大宋需要人才，把苏轼叫回来吧！

（场景：东坡书院）

苏轼：姜唐佐，你的文采出众，可以进京赶考，你若中了举人，便可为百姓谋福。"沧海何尝断地脉"，一道海峡水就能够割断海南岛跟大陆之间的文化的地脉吗？不可能。你去了之后，一旦考中进士，那"朱崖从此破天荒"，你是头一个啊！

姜唐佐说：谨遵师命！

（旁白）后来姜唐佐进京赶考，果然中了举人。

众人："锦衣不日人争看，始信东坡眼力长。"

圣旨到！

传圣旨：苏轼听旨，奉天承运，皇帝诏曰："新帝登基，大赦天下，着苏轼北归，钦此！"

海南民众：苏大人恭喜您重见天日啊！我们舍不得大人您啊！

苏东坡：谢谢儋州人民对我的厚爱，我从来不曾后悔过，虽然一生坎坷，但我可以自豪地说："九死南荒吾不恨，兹游奇绝贯平生。"

众：问汝平生功业何处？

苏轼：黄州惠州儋州。

（旁白）有人说，这个世界好看的脸蛋太多，有趣的灵魂太少。幸好，天地间，有过一个苏东坡。

案例与评析（五）　校本课程践行中华优秀传统文化

教学内容：哈尔滨市实验学校校本课程《国学通识》

案例撰写：哈尔滨市实验学校　刘元梅

案例评析：哈尔滨市实验学校　郝岚

　　中华优秀传统文化是人类文明建筑中最为重要的基石之一。她所蕴含的自强不息、明德修身、克己崇仁、和而不同、兼容并包、一分为二等东方哲学思想，经过历代圣贤诠释、完善、升华，早已经成为融入中华民族血脉的文化基因，形成了当代中国的价值理念与民族品格的核心智慧。党的十九大报告进一步提出要"深入挖掘中华优秀传统文化蕴含的思想观念、人文精神、道德规范，结合时代要求继承创新，让中华文化展现出永久魅力和时代风采"。

　　"国学通识"课程结合我校"中小学实施中华优秀传统文化教育的路径与机制研究"的课题研发并开设。我们把课程理念定为"传承优秀文化、创新经典文化、发扬中华文化"，确立了"腹有诗书气自华，心有哲理道自得"的课程目标，让学生在品读万卷良书，吟咏千年精髓，倾听百家之言中，能够明辨是非荣辱，问究历史脉络，建树哲学思维。课程包括了诗教、经典、汉字、史学、实修五部分内容，高年段还增加了古代数学内容，兼具选择性、变通性和差异性。我们创新国学课堂教学模式，让学生在一种自然、本真的教育场景中积淀学识、提升气质。我们重视国学教育，是因为它集圣贤思想之大成，是老祖宗留下来的知识宝库与精神智慧，是中华民族特有的文化，是文化文明的养成之学，这样的大家智慧有益于提升学生的文化水准和文化人格。

　　据不同年级的课程主题，四个年级的语文教师开始深入到课程内容的开发工作中。学校聘请中国文化书院院长、秘书长、北京崇贤馆馆长等专家做了多次国学讲座。负责课程内容开发的教师通过精读多个版本的国学教材，查阅海量的国学知识，分别制定了一年级、二年级、三年级"国学通识"的课程内容。

一、学习目标

1. 初步了解到逐渐接受并喜爱国学；
2. 继承文明，建设美好社会与人生，崇贤尚德，获取前进力量；
3. 树立正确的人生观、价值观，能够对家庭和谐起到作用；
4. 实现内外兼修，让学生在弘扬中华传统文化中书写未来；
5. 提高学生对本民族文化的认同感和自豪感。

二、学习内容

模块名称	设计说明	活动内容	活动目标	课时
诗教部分	让学生在古诗文诵读中感受中华传统文化的魅力，了解诗人所在的历史时代，以及创作诗歌的环境背景。激发孩子喜爱古诗的情感。	1.古诗诵读 2.走进诗人 3.创作背景 4.古诗配画 5.古诗新唱 6.书写赛事 7.古诗仿写	通过品古诗、知背景、古诗新唱、古诗配画、书法赛事等活动让学生了解诗文的魅力。同时让学生能在模仿中创作诗歌，给孩子以想象的空间，激发孩子的创作欲望。为今后的习作积淀写作素材。	3
经典部分	涉及《论语》《幼学琼林》《弟子规》《中庸》以及《千字文》等内容，"诠释经典，内外兼修"。	1.古诗品读 2.经典故事 3.经典新唱 4.经典涂鸦 5.传唱经典 6.对应典故	通过学习《论语》《幼学琼林》《弟子规》《中庸》以及《千字文》等内容领略儒家大义，传承民族精神，完善人格培养，养成儒雅行为。根据不同学段的不同特点设置课程框架与结构。低年级学生认知水平比较低，通过多种渠道促发学生对儒家思想的理解。	3
汉字部分	分别从四个方面向学生介绍汉字的转化，甲骨文、金文、小篆和楷书，加深对汉语语言学习的兴趣。	1.图文识字 2.身体力行 3.绘字生辉 4.演化拓展	甲骨文、金文、小篆和楷书的汉字转化，其中涉及的文字都是小学低学段孩子在语文课上学过的会读会写的汉字。文字的演变具有深厚的文化内涵，通过对文字演化的了解，能帮助学生更好地理解语文文言文的词义。从小学开始，找到文字演变的根基，为我国的汉字文化传承提供路径。	3
史学部分	《三字经》《史记》中的历史故事，史料选读。明德修身。	1.经典故事 2.再现故事 3.分享拓展 4.故事联排	"琢"学生之思——怎样让国学走进学生心中；"琢"学生之行——仰望国学、开阔眼界；"磨"史学之感——国学的现实意义。	3

续表

模块名称	设计说明	活动内容	活动目标	课时
实修部分	介绍古代行走、坐姿等礼仪、中医、射箭、国画、陶瓷、香道、线装书的制作等,让紫冰花宝贝在实验涵养特质,茁壮成长为阳光自信的冰花少年。	1. 礼仪少年 2. 国画陶情 3. 陶艺大赛 4. 线装书制作 5. 中医在线	通过多种技能的学习,培养紫冰花少年的特质。修养身心,通晓古今智慧,塑造良好人格。通过多种技能的学习,丰实美好人生,塑造自强不息、厚德载物的品行。在不断打磨技能的过程中学会坚守。	6

三、组织实施

1. 学习对象:一年级到五年级学生。

2. 课时安排:共 18 课时,每课时 40 分钟。

3. 活动场地:教室、录播教室。

4. 学习资源:校本教材、教学课件、学生作品。

5. 活动建议:

(1)低年级在诗教过程中,以培育学生对中华优秀传统文化的亲切感为重点,开展启蒙教育;高年级在诗教过程中,以提高学生对中华优秀传统文化的感受力为重点,开展认知教育;诗教教学流程过程中,引导学生学会协作与坚守。

本册教材实修部分内容很广泛,在每节课上都会有互相协助共同进步的空间。有的时候一个实修内容、一本线装书,需要两节或是更多节课的时间来完成。在实践中打磨孩子坚守的意念与品质。

(2)在经典教学流程过程中,完善学生人格培养,养成儒雅行为。

通过经典故事的学习,积淀传统文化的内涵,形成亲民至善的大雅品质。经典的故事积累为学生口头辩论能力和议论文的论点论据提供大量的素材。

(3)在汉字教学流程过程中,为中华文字的文化传承提供路径。

通过汉字的字源的学习,能帮助学生更好理解语文文言文的词义,从小学开始,找到文字的演变的根基,为初中文言文学习打好坚实的基础。同时让我们找到文字传承的路径。

(4)在史学教学流程过程中,激发学生追溯优秀传统文化兴致。

史料选读课程,激发孩子对优秀人物、典故以及历史的兴致,对学生的阅读水平和阅读能力都有相应的提高。

（5）在实修教学流程过程中,提高学生全面素养,厚德载物的品行。

实修内容涵盖知识面特别广泛,对于学生素养的提高,起到了巨大的作用。

四、学习评价

1. 评价方式

自评:（1）提升具体品行的方向;

　　　（2）诵读拓展古诗的首数;

　　　（3）掌握经典故事的数量;

　　　（4）了解汉字字源的数量;

　　　（5）增长几项技能内容量。

互评:（1）在学习中是否认真;

　　　（2）在学习中是否相互帮助。

师评:综合素质评价单,给予学生客观公正的评语。

家长评价:（1）能否积极参与到拓展内容的搜集和整理中;

　　　　　（2）参与到实修部分技能的练习中;

　　　　　（3）对五部分内容兴趣的程度如何。

2. 评价内容

（1）故事联排;

（2）古诗配画;

（3）古诗新唱;

（4）绘字生辉;

（5）书写赛事;

（6）线装书制作。

3. 评价指标

采用优秀、良好、合格、待合格四个等级来评定学生的学习情况。

每学期末,在老师的带领下根据每个孩子的参与度和作品完成情况,以及综合同学、授课教师以及家长的评价,对学生进行综合评价,填写《综合素质评价单》。

五、活动举隅

我的第一本线装书

活动目标:

1. 了解书籍的发展历史,巩固线装书的制作过程,完善自己的线装书。

2.体验制作过程,感受线装书的工艺之美。

3.感悟中华优秀传统文化的博大精深。

课前准备:

1.准备针、线;

2.学生搜集有关线装书的故事。

3.线装书的制作材料。

活动过程:

(一)故事导入

讲述在 20 世纪初国家动荡的历史背景下,一批手无寸铁的读书人在战火纷飞的年代里保护古籍的往事。

说明:渲染氛围,感受线装书的价值。

(二)汇报交流

教师引领学生就小组感兴趣的调研专题,依次进行汇报。

说明:培养学生筛选信息、自主探究、语言表达和实践创新的能力。

第一组:

组长:书的历史演变

下面就由我们小组的成员依次给大家呈现我们的考察结果。(书的历史演变)

学生一:汇报甲骨文、金文、鼎(实物展示)、简牍(实物展示)。

学生二:帛书(实物展示)到了宋代线装书形成。而后的很多朝代线装书成为中国书籍的代表。

学生三:现代书 电子书 有声书

老师:学向勤中得,萤窗万卷书。第一小组通过辛勤地查阅资料向我们介绍了书籍的历史发展脉络。

第二组:

组长:古书之美,我们小组通过去图书馆大量查找资料,下面就由我们小组的成员依次给大家呈现我们的考察结果。

学生一:

"三感"之一的重量感,我们的线装书,轻如羽绒,用手掂量它有一种飘逸感,线装书是很轻的。

"三感"之二鼻子的嗅感,中国特有的墨香和纸张的自然气息会扑面而来,这也就是我们平时所说的"书香",后来的人就将书香做引申之义,指读书的人家。

"三感"之三耳朵的听感。（夜读图）

学生二：内容之美，如果没有线装书，《论语》《岳阳楼记》《古文观止》……

没有线装古书的承载，我们也不会看到杜牧笔下"覆压三百余里、隔离天日"的桃花源，"醉翁之意不在酒，而在乎山水之间"的醉翁亭；"落霞与孤鹜齐飞，秋水共长天一色"的滕王阁……一切美景都在线装书的世界中呈现，美得令人目不暇接，流连忘返。

老师总结：通过第二小组的介绍将人和书沟通起来，人物交融，物我两忘，恰恰能体现出老子所说的那种"淡乎其无味，视之补足见"的大美境界。

第三组

组长：依次给大家呈现我们的考察结果。

学生一：《史记》《九章算术》。

学生二：《齐民要术》《山海经》。

老师：如果没有线装书，我们竟不知道古代的中国江山如此多娇，引无数英雄竞折腰。

第四组

组长：合力自发地去研究如何做这本书。所以我们小组要向大家展示的是如何制作线装书。

学生一：首先是材料的准备：

针：10 厘米财务装订针。

线：大开本用粗些，小开本用细些。

布：包书角的布。

糨糊。（尽量不要用双面胶，时间长了会脱胶，一般是用糨糊，实在没有固体胶也行）

老师：第四组同学最让我意外，他们并没有从老师的这是个问题出发，而是纸上得来终觉浅，绝知此事要躬行。小组成员合力制作出了线装书。

（三）穿针引线

教师结合视频讲解线装书的穿线过程。（观看视频，动手操作，完成装订）

1. 教师总结归纳学生的资料并详细讲解端午的习俗。

2. 完成校本教材中的练习。

说明：通过教师的小结深入了解，通过习作巩固前两环节的所学。

（四）成果分享

说明：通过生动的例子，使学生重新认识节日的价值，重视节日文化的传承。

（五）感悟升华

让我们将面前的线装书捧起,怀着这份敬意,请同学们齐声诵读《观书有感》。齐诵,感悟中华优秀传统文化的博大精深。

【案例评析】

"国学通识"课程带给不同年级学生不同的成长收获。一年级的孩子还不懂得如何表达自己的进步,但是家长们却将孩子在各方面的表现看在眼中。一年级七班宋美政同学的家长说道:"我觉得女儿有些行为习惯与学校的国学教育有很大关系。孝是人道第一步,在家里美政知道把好吃的东西主动让家长吃,有时给爸爸妈妈洗脚。'方读此,勿慕彼,此未终,彼勿起。'女儿知道看完一本书后再读第二本书,养成了一个好的读书习惯。'过能改,归于无。'女儿犯错后,能坦然面对,主动改过;在学校学习象形文字、水墨画后,回家主动画给我们看,学习兴趣浓厚。'凡出言,信为先。'女儿答应给同学们的东西,必须带去,也要求大人说到做到。"这些通过学习国学积累的一点一滴的行为习惯,均在生活中得到了见证,我想,这便是我们开设"国学通识"课程最重要的目的。

国学除了潜移默化地影响孩子的行为举止,还对他们的兴趣爱好起到了启蒙作用。例如,在"诗教部分",通过诗词配画,很好地激发了孩子们的想象力和绘画兴趣。孩子们对于绘画的印象,不是从没有情感的线条出发,而是通过理解诗词的意境和诗人的情怀,去构思与之相匹配的画面,每个同学都根据自己的理解为诗词配画。

尽管目前"国学通识"课程中,还存在着教学设计缺乏艺术性、国学内涵挖掘得还不够深入、国学课堂把控得还不够自如等问题,但是在且行且思中,"国学通识"课程已经在我校迈出了一大步,相信在学生成长、家长认可的鼓舞下,"国学通识"课程还能更上一个台阶。

参 考 文 献

1. 刘海燕主编:《中小学教师立德树人教育行动指南》(东北师范大学出版社)。

2. 高永娟、谭轶斌主编:《文·道:语文学科彰显中华优秀传统文化课堂教学实践研究》(华东师范大学出版社)。

3. 邹一斌、于龙主编:《和·合:中小学课程与教学彰显中华优秀传统文化研究报告》(华东师范大学出版社)。

4. 江铭初、邹一斌主编:《知·用:中小学校本课程彰显中华优秀传统文化实践研究》(华东师范大学出版社)。

5. 许俊主编:《中国人的根与魂:中华优秀传统文化通识》(人民出版社)。

6. 汪潮主编:《小学语文课程与教学论》(华东师范大学出版社)。

7. 陆志平、李亮主编:《课程标准案例式导读与学习内容要点》(东北师范大学出版社)。

8. 倪文锦主编:《小学语文新课程教学法》(高等教育出版社)。

9. 付艺红主编:《小学语文》(华东师范大学出版社)。

10. 余文森、林高明、郑华枫主编:《可以这样教作文》(华东师范大学出版社)。

11. 李维君、孙文佳主编:《书法教学法指导》(书法出版社)。

12. 卜希旸主编:《楷书教学指导》(书法出版社)。

13. 江庆柏主编:《中华优秀传统文化教育读本(小学版)》(南方日报出版社)。

14. 叶郎主编:《中华优秀传统文化》(人民教育出版社)。

15. 王龙祥主编:《中华传统文化读本》(北京教育出版社)。

出　版　后　记

　　春华秋实,经过编写组成员一年多的努力,本书终于如期完成编写任务。交稿之日,正直夏至。本书作为2016年度省教育科学规划重点课题"小学语文群文阅读实验研究"(课题编号JJB1316038)的重要研究成果,凝聚了编写组成员的心血与智慧。在本书的编写过程中,编写组广泛收集了大量相关资料,成员之间也共享了各个部分内容资源。我们选取权威出版社出版的相关书籍,并以此为编写蓝本,经过数次修改完善,最后定稿。再过数日,书稿即将面世,激动之余,不免惶恐。由于时间紧促和编写者水平局限,本书的纰漏和错误之处在所难免,欢迎广大读者批评指正!

　　本书编写人员具体分工如下:

　　张敬负责编写第一章背景与意义;第二章渗透与融合(二、中华优秀传统文化与阅读教学,三、中华优秀传统文化与口语交际教学);郑丹负责编写第二章渗透与融合(四、中华优秀传统文化与习作教学,五、中华优秀传统文化与综合性学习教学);孟晓宇负责编写第二章渗透与融合(一、中华优秀传统文化与识字写字教学)、第三章资源与课程(一、中华优秀传统文化课程资源(一);徐雪飞负责编写第三章资源与课程[一、中华优秀传统文化课程资源(二)至(十二),二、中华优秀传统文化课程设计];杨修宝负责编写第四章案例与评析;李四香负责编写序言。

　　另外,本书在编写过程中,来自省内名优教师夏云、徐岩、曲文娜、王越、邹艳茹、王婕嫱、杨蕾、王玉娟、刘元梅、孙艳红、孙欣、齐英、吴星丽、郝岚提供了多篇优秀设计和典型案例与评析,正因为他们的倾情付出,才使得本书最终以如此丰富的面貌呈现。在此一并致谢!

《中华优秀传统文化与语文教学》(小学卷)

编写组2018年6月21日